FORUM EUROPÄISCHE GESCHICHTE 8

Florian Greßhake

Damnatio memoriae

Ein Theorieentwurf zum Denkmalsturz

Martin Meidenbauer Verlagsbuchhandlung

Gedruckt mit freundlicher Unterstützung der
Bundesstiftung zur Aufarbeitung der SED-Diktatur.

BUNDESSTIFTUNG
AUFARBEITUNG

Bibliografische Information der Deutschen
Nationalbibliothek

Die Deutsche Nationalbibliothek verzeichnet diese
Publikation in der Deutschen Nationalbibliografie;
detaillierte bibliografische Daten sind im Internet
über http://dnb.d-nb.de abrufbar.

Printed in Germany

Gedruckt auf
chlorfrei gebleichtem, säurefreiem und
alterungsbeständigem Papier (ISO 9706)

m-press ist ein Imprint der
Martin Meidenbauer Verlagsbuchhandlung

ISBN 978-3-89975-721-7

Verlagsverzeichnis schickt gern:
Martin Meidenbauer Verlagsbuchhandlung
Erhardtstr. 8
D-80469 München

www.m-verlag.net

Inhaltsverzeichnis

I. Vorwort

Vorliegende Arbeit entstand im Zuge meines Magister-Examens am Seminar für Volkskunde/Europäische Ethnologie der Westfälischen Wilhelms-Universität 2009. Anlässlich der Publikation dieser Studie möchte ich erneut die Gelegenheit nutzen, zahlreichen Personen für ihre vielfältige Unterstützung zu danken. Ohne die Unterstützung der *Bundesstiftung zur Aufarbeitung des SED-Diktatur* würden Sie als geneigter Leser meine Arbeit heute nicht in den Händen halten können. Herrn André Pleintinger und der *Martin Meidenbauer Verlagsbuchhandlung* möchte ich meinen Dank für die Aufnahme meiner Arbeit in ihr Verlagsprogramm und der großen Herzlichkeit, die mir dort begegnete, aussprechen. Prof. Dr. Andreas Hartmann vom Seminar für Volkskunde/Europäische Ethnologie bin ich zutiefst für die zahlreichen, gewinnbringenden Gespräche und Denkanstöße verbunden. Prof. Dr. Ruth-E. Mohrmann und Dr. Silke Meyer trugen mit ihren Anregungen ebenso zu dem Gelingen meiner Arbeit bei. Für die gründliche Endkorrektur, aber auch kritische Anmerkungen bin ich Dr. Sebastian Scharte, Andrea Graf, M.A., und Karena Kamphausen zu Dank verpflichtet. Einen wichtigen Anteil am erfolgreichen Abschluss meines Studiums trugen auch einige besondere Personen bei, die verhinderten, dass ich über einen längeren Zeitraum in meinem akademischen Elfenbeinturm gefangen blieb. Stellvertretend für eine große Anzahl an Personen möchte ich meinen Dank Maleen Knorr und Frederik Grundmeier aussprechen. Und last but not least: Vielen Dank an meine Familie, die mir durch ihre unendliche Unterstützung vieles ermöglichte.

Florian Greßhake April 2010

II. Einleitung

Die Siedepunkte der Geschichte in der Moderne sind jene, in denen große gesellschaftliche Umbrüche stattfanden. In denen alte Gesellschaftssysteme in Frage gestellt werden und neue sich versuchen zu etablieren. Diese Zeiten sind stets von einem ungewissen Ausgang geprägt, nicht immer waren Umsturzversuche erfolgreich. Ihr Erscheinungsbild ist vielfältig: Egal ob durch Kriege, friedliche oder gewalttätige Revolutionen oder einen Machtputsch, die Historie hat gezeigt, dass selbst Systeme, die als End- und Höhepunkt der Geschichte galten, irgendwann einmal wieder verschwinden. Nicht jedes Geschehnis solcher Vorgänge „brennt" sich in das Gedächtnis der Menschheit ein und wird automatisch mit diesen Zeiten assoziiert. Andere dagegen werden zum Platzhalter, zum Erinnerungsbild, zum Pseudonym für viel größere geschichtliche Ereignisse.
Einen solchen Platz nimmt zum Beispiel der Sturz der Saddam Hussein-Statue auf dem Paradies-Platz in der irakischen Hauptstadt Bagdad nach dem Einmarsch der amerikanischen Truppen im April 2003 ein. Die Bilder der „embedded journalists" des Krieges sind noch heute allgegenwärtig, allerdings kann keines von ihnen mit dem Fall des Denkmals konkurrieren, keines kann die Strahlkraft und die bewusst empfundene Bedeutung dieses Aktes erreichen. Wahrscheinlich kann sich jeder, der zu dieser Zeit die Nachrichten verfolgt hat, noch genau an die Fernsehaufzeichnungen erinnern: Der Statue Saddam Husseins wird ein Strick um den Hals gelegt, unter dem Jubel der Menschen gestürzt und mit Schuhtritten gegen den Denkmalkorpus und mit Freudentänzen der anwesenden Menschen der Machtwechsel gefeiert. Das singuläre Ereignis wurde zu einem Icon für die gesamten Geschehnisse, welche mit dem Krieg dort verbunden sind.
Der Sturz im Irak steht stellvertretend für so viele andere allein in den letzten 100 Jahren. Länder- und Systemübergreifend kommt es immer wieder im Zusammenhang mit großen gesellschaftlichen Metamorphosen zum Sturz von Denkmälern: Es scheint, als ob durch diesen Akt ein Bedürfnis befriedigt wird, als ob jeder Wandel ohne einen Denkmalsturz als unvollkommen empfunden würde und die Entfernung der Monumente der alten Herrscher zwingend notwendig ist. Die Zerstörung der Embleme der alten Machthaber im öffentlichen Raum

folgt anscheinend einem menschlichen Grundverlangen, das in solchen Situationen mit der Vergangenheit abschließen und die Aufmerksamkeit auf eine Zukunft unter geänderten Voraussetzungen richten möchte. Diese bewusste *damnatio memoriae*, die Verdrängung der Geschichte, soll das Thema der vorliegenden Studie bilden, indem die kulturellen Hintergründe, die hinter dem Phänomen „Denkmalsturz" stehen, seziert und analysiert werden.
Der Denkmalbegriff ist sehr weit gefasster und bezeichnet wesentlich mehr als nur ein Bauwerk im öffentlichen Raum:[1]

> „Die Vorstellung davon, was Denkmal ist, der Begriff, wird für uns von dem säkularisierten Erinnerungsmal, dem Monument in plastischer Form bestimmt. Dieses Denkmal bezeichnet etwas Hervorgehobenes in doppeltem Sinn, sowohl was den Anlass der Darstellung als auch was seine Form betrifft."[2]

Der Schweizer Philosoph und Mathematiker Johann Georg Sulzer definierte um 1770 das Denkmal als ein

---

[1] Es sind schon zahlreiche Definitionen des Denkmalbegriffs versucht worden. Auch die Unterteilung in die einzelnen Unterkategorien fand ihre Beachtung in unzähligen Publikationen. An dieser Stelle möge die Überblicksdarstellung von Albrecht Graf Egloffstein ausreichend sein. Dieser unterteilt den Denkmalbegriff in zwölf unterschiedlich Kategorien: Denkmäler sind... 1. Bauwerke, Gedenksteine, Tafeln, Bilder, etc., die uns an die Vergangenheit erinnern und künstlerisch gestaltet sind. 2. Grabsteine, Grabdenkmale. 3. Rechtsdenkmale. 4. Religiöse Denkmale. 5. Baudenkmale. 6. Orte des Gedenkens ohne Gestaltung. 7. Schriftliche Zeugnisse (Quellen). 8. persönliche Denkmale. 9. Gedächtnishandlungen kirchlicher und weltlicher Art. 10. Benennungen von Orten und Plätzen. 11. Vorhandene Bauten, die ohne Denkmalssetzungsabsicht errichtet und erst durch den Lauf der Geschichte zu Denkmälern wurden. 12. Naturdenkmale. Zur weiteren Definition siehe: Egloffstein, Albrecht Graf. Das Denkmal – Versuch einer Begriffsbestimmung. In: Ekkehard Mai, Gisela Schmirber (Hrsg). Denkmal – Zeichen – Monument. Skulptur und öffentlicher Raum heute. München 1989. S. 38.
[2] Ebd.

„an öffentlichen Plätzen stehendes Werk der Kunst, das als ein Zeichen das Andenken merkwürdiger Personen oder Sachen, beständig unterhalten und auf die Nachwelt fortpflanzen soll."[3]

Nach *Meyers Lexikon* von 1925 ist ein Monument ein

„Mal (Zeichen), welches das Andenken an gewisse Personen oder Begebenheiten in dauernder Weise erhalten soll; also allgemein jedes Erinnerungszeichen vom einfachen Erdhaufen oder Stein bis zum vollendeten Kunstwerk."[4]

Für diese Arbeit von Interesse ist lediglich das bewusst als Denkmal errichtete Bauwerk, das durch seine Präsenz im öffentlichen Raum die Erinnerung an ein bestimmtes Ereignis wach halten soll. Im Sinne des Kunsthistorikers Alois Riegl sind diese als „gewolltes" Denkmal zu bezeichnen, dagegen finden die „ungewollten" Denkmäler, also jene Bauten, die erst durch den Lauf der Geschichte zu einem Erinnerungsmal wurden, nur eine Betrachtung am Rande.[5] Der Sturz eines bewusst als Erinnerungszeichen errichteten Monuments beinhaltet wesentlich mehr gesellschaftlichen Zündstoff, stellt viel mehr in Frage und ist so radikal wie kaum ein anderer Vorgang in gesellschaftlichen Umbruchszeiten.
Für die Dekodierung dieses Akts muss zunächst der Blick auf unterschiedliche Formen des Denkmalsturzes in der Moderne gerichtet werden. Denn nicht jede gefallene Statue wurde unter gleichen Umständen und Voraussetzungen gestürzt. Der Schwerpunkt dieser Betrachtung soll vor allem auf den Ereignissen rund um den Zusammenbruch des sozialistischen Systems in Osteuropa und dazu kontrastierend in der DDR liegen. Die hierfür herangezogenen Beispiele stützen sich zum größten Teil auf Beschreibungen und Schilderungen, die in den beiden Sammelbänden *Demontage... revolutionärer oder restau-*

---

[3] Zit. nach: Schmoll, Friedemann. Verewigte Nation. Studien zur Erinnerungskultur von Reich und Einzelstaat im württembergischen Denkmalkult des 19. Jahrhunderts. Tübingen 1995. S. 41.

[4] Zit. nach: Ebd.

[5] Zu den Begriffen „gewolltes" und „ungewolltes" Denkmal vergleiche die zwar schon alte, aber dennoch wegweisende Arbeit von Alois Riegl: Riegl, Alois. Der moderne Denkmalkultus. Sein Wesen und seine Entstehung. Wien, Leipzig 1903.

rativer Bildersturm?,[6] herausgegeben unter anderem von Götz Aly, und *Bildersturm in Osteuropa. Die Denkmäler der osteuropäischen Ära im Umbruch*[7] zusammengefasst sind. Im Falle der Geschehnisse in der DDR werden des Weiteren noch einige Quellen aus der Tagespresse mit herangezogen. Für den osteuropäischen Teil ergibt sich ein Defizit in der Quellenlage. So finden sich zahlreiche Bildquellen zu den Ereignissen, eine wissenschaftliche Betrachtung der einzelnen Fälle, geschweige denn eine übergreifende Untersuchung, findet sich dagegen nicht.

Des Weiteren sollen die Stürze im Zusammenhang mit der Französischen Revolution, sowohl in Frankreich als auch in den linksrheinischen deutschen Gebieten, sowie zur Zeit des Nationalsozialismus als Beispiele thematisiert werden. Der Einordnung und Differenzierung folgt ein Vergleich mit möglichen historischen Vorbildern wie dem reformatorischen Bildersturm und der *executio in effigie* der Frühen Neuzeit. Handelt es sich beim Denkmalsturz um eine Weiterentwicklung dieser Vorstellungen, die von der Wirkungsmacht von Bilder im politischen und rechtlichen Kampf gegen Feinde ausgehen? Und welche Bedeutungen ließen sich aus solch einer „Verwandtschaft" für den Akt des Denkmalsturzes ableiten?

Der historischen Einordnung des destruktiven Vorgangs folgt eine Analyse unter dem besonderen Aspekt der Inszenierung des öffentlichen Raums und der damit verbundenen Bedeutung für das Selbstverständnis und die öffentlich aus- und dargestellten Werte einer Gesellschaft. Als Grundlage hierfür dient Jürgen Trimborns Dissertation *Denkmale als Inszenierungen im öffentlichen Raum*,[8] in der er sehr anschaulich und plakativ theaterwissenschaftliche Theorien über Inszenierungen mit der Errichtung von Denkmälern in der Stadt verknüpft und so die Stadt und ihre Plätze zu einer Bühne für die gesellschaftliche Selbstinterpretation werden lässt. Doch nicht nur die Er-

---

[6] Aly, Götz u.a. (Hrsg.). Demontage… revolutionärer oder restaurativer Bildersturm? Texte & Bilder. Berlin 1992.

[7] Nationalkomitee der Bundesrepublik Deutschland (Hrsg.). Bildersturm in Osteuropa. Die Denkmäler der osteuropäischen Ära im Umbruch. München 1994.

[8] Trimborn, Jürgen. Denkmale als Inszenierungen im öffentlichen Raum. Ein Blick auf die gegenwärtige Denkmalproblematik in der Bundesrepublik Deutschland aus denkmalpflegerischer und medienwissenschaftlicher Sicht. Köln 1997.

richtung, sondern auch die Entfernung von Bestandteilen aus dem öffentlichen Raum lässt sich als eine Inszenierung sehen, was den möglichen Schluss nahelegt, dass beide Vorgänge, obwohl sie letztendlich entgegengesetzt wirken, eng miteinander verwoben sind und ohne den Gegenpart nicht auskommen. Es soll überprüft werden, inwieweit beide Ereignisse ritualisiert sind und welche Gemeinsamkeiten sich daraus ergeben. Zu vermuten ist, dass der Sturz und die darauf folgende Errichtung eines neuen Denkmals auf eine enge Verbindung schließen lässt und beide Phänomene oftmals gemeinsam auftreten. Wenn sich in der Tat gegenseitig stark bedingen würden, dann könnten sie im Sinne Arnold van Genneps als ein gemeinsames Übergangsritual zu sehen sein, das liminale Gesellschaftszustände begleitet und deswegen für Umbrüche zwingend notwendig ist. Das Ziel dieser Studie ist es daher, den Vorgang des Denkmalsturzes zu sezieren, ihn historisch einzuordnen, seine Abläufe zu interpretieren und seine gesellschaftliche Bedeutung auch im Zusammenspiel mit der Errichtung von Denkmälern zu ergründen.

III. Der Akt des Denkmalsturzes in der Geschichte

„Nichts auf der Welt ist so unsichtbar wie Denkmäler, solange sie stehen",[9] schrieb Robert Musil. In der Zeit, in der sie unangetastet im öffentlichen Raum stehen, beschränkt sich die Aufmerksamkeit, die ihnen gewidmet wird, oft auf wenige Augenblicke im Festkalender einer Gesellschaft. Erst durch den Sturz, ihre Verunglimpfung, Zerstörung und Demontage geraten sie in das Zentrum des öffentlichen Interesses und es wird ihre plötzliche Abwesenheit, die von hinterlassenen Lücken wahrgenommen – sowohl im Guten wie auch im Schlechten. Doch der Akt des Denkmalsturzes ist kein standardisiertes Verfahren, welches in den letzten Jahrhunderten immer nach den gleichen Voraussetzungen und den gleichen Schemata abgelaufen ist. Vielmehr gibt es bei näherer Betrachtung große Unterschiede, insbesondere was die Motive, die hinter dem Ereignis stehen, betrifft. Im Folgenden sollen das kulturelle Phänomen Denkmalsturz klassifiziert und Besonderheiten an einzelnen historischen Beispielen untersucht sowie Differenzen zu anderen Epochen verdeutlicht werden.

III.1. Denkmalsturz in der Moderne (1789-1945)

III.1.1. Französische Revolution

Der Sturm auf die Bastille im Juli 1789 kann nicht nur als symbolischer Auftakt der Französischen Revolution gesehen werden, sondern auch als besonders wirkungsmächtiges Zeichen gesellschaftlicher Veränderung. Die ehemalige Befestigungsanlage und zu dem Zeitpunkt als Staatsgefängnis genutzte Bastille wurde gestürmt, um an Munitionsvorräte zum Kampf gegen die königlichen Truppen zu kommen und dort inhaftierte, politische Gefangene zu befreien. Erst durch die Erstürmung und teilweise Zerstörung des Bauwerks wurde dieses zu einem Denkmal: „Die Bastille wurde erst durch ihre Zerstörung zu dem Monument der Tyrannei, das ganz Europa in den Zusammenhang mit Despotismus brachte."[10] Der zerstörerische Akt

[9] Musil, Robert. Denkmale. In: Ders. Gesammelte Schriften; Bd. 2. Hrsg. von Adolf Frisé. Reinbek bei Hamburg 1978. S. 506f.

[10] Lottes, Günther. Damnatio historiae. Über den Versuch einer Befreiung von der Geschichte in der Französischen Revolution. In: Winfried Speitkamp (Hrsg.).

wurde von vielen nicht als eine bloße Negation des Status quo und als purer Vandalismus gesehen, sondern die „Abbildung des Verfalls eines ‚tyrannischen' Monuments versinnbildlicht[e] den Fortschritt der Freiheit als einen notwendigen Prozess."[11]
Zunächst richteten sich die Machtdemonstrationen der aufständischen Bevölkerung nicht gegen die Herrscherdenkmäler, also die intendierten Monumente der kaiserlichen Familie.[12] Zu groß war noch die Hoffnung, die Monarchie in die neue Gesellschaft und ihre neue Ordnung integrieren zu können.[13] Erst nach dem Fluchtversuch Louis′ XVI. und dem Sturm auf die Tuilerien im August 1792 erwuchs die Denkmalfeindlichkeit in der französischen Gesellschaft in eine neue Intensität. Der Wunsch, die Monarchie behalten zu können, hatte sich aufgrund der Ereignisse zerschlagen: „An die Stelle der Integration des Königtums in die Symbolsprache der neuen Ordnung trat eine *damnatio memoriae* der absoluten Monarchie."[14] Die von Günther

---

Denkmalsturz. Zur Konfliktgeschichte politischer Symbolik. Göttingen 1997. S. 24. Vergleiche dazu auch die Aussage des Frankreich-Reisenden Johann Friedrich Reichardt über die Ruine der Bastille: „Mein erstes Gefühl war mir selbst unerwartet. Ich bedauerte, daß das als Werk der Baukunst idealisch schöne Monument der Tyrannei nicht mehr vorhanden war [...] Nun standen wir denn auf diesem wüsten Triumphplatze der Pariser Freiheit. Alles Gemäuer über der Erde ist gänzlich umgerissen, und die Steine sind größtenteils beiseite geschafft. Die Gewölbe sind zum Teil mit dem Schutte der oberen Mauern aufgefüllt worden, so daß man nur hier und da in einzelne Öffnungen hineinkriechen kann und oben noch immer auf- und abzuklettern hat. Die Zeit hätte jene fürchterlich feste Burg, die bereits vier Jahrhunderte trotzte, vielleicht nie so ganz zerstören können, und sie wäre vielleicht das angemessenste und wirksamste Denkmal gewesen, das man dem alten Despotismus und dem Tage der Befreiung zugleich hätte errichten können". In: Reichardt, Johann Friedrich. Vertraute Briefe über Frankreich auf einer Reise im Jahre 1792 geschrieben. Bd. 1. Berlin 1792. S. 188.

[11] Lottes, Günther. S. 23.

[12] Vgl. ebd. S. 25.

[13] So galten auch die Angriffe auf die feudalen Landsitze im Sommer 1789 mehr den direkt erfahrbaren und durch den alltäglichen Kontakt persönlich bekannten Landadeligen als Individuen als dem Adel als Gesamtstand.

[14] Lottes, Günther. S. 27 (Hervorhebung im Original). Der Begriff „damnatio memoriae" beschreibt den Wunsch nach der totalen Auslöschung des Andenkens an eine Person beziehungsweise Sache und bedeutet so viel wie „Verdammung des Andenkens". Die Bezeichnung ist eine Schöpfung der Moderne, bezog sich jedoch zunächst auf Rechtshandlungen in der römischen Antike.

Lottes als „Entroyalisierungskampagne“ bezeichneten Ereignisse gingen auch an den Denkmälern nicht spurlos vorbei. Der Kunsthistoriker Klaus Herding schematisierte dabei das Vorgehen der Revolutionäre und stellte fest, dass sich der Umgang mit den Monumenten in fünf Gruppen einteilen lässt: Entweder sie wurden vollständig vernichtet (1), enthauptet und durch Vergraben verbannt (2), umgearbeitet beziehungsweise teilweise ersetzt (3), umgewidmet und umbenannt (4) oder einfach nur demontiert (5).[15]

So wurde zum Beispiel in Paris im August 1792 das Denkmal Ludwig XIV. auf dem Place Vendôme gestürzt.[16] Der dieses Ereignis abbildende Kupferstich zeigt mehr einen professionell organisierten Akt denn eine spontane Willensbekundung der Menschenmenge. Die Absperrungen, Leitern, die Seile und das Podest zur Linken des Denkmals, von dem das Monument mithilfe von Stangen vom Sockel gehoben wurde, deuten auf eine akribische Vorplanung hin. Die Menschen stehen in sicherer Distanz zu dem Geschehen und greifen augenscheinlich nicht in die Geschehnisse ein. Der Sturz wird nur von sehr wenigen Personen durchgeführt. Dies alles sind Indizien dafür, dass der Abriss eine institutionell geplante und durchgeführte Aktion war, bei der die Menschenmassen nur als Zuschauer auftreten und damit das Ereignis als scheinbaren Willen des Volkes legitimieren sollten.

Dem Sturz folgte in den meisten Fällen eine vorübergehende Zwischennutzung der Denkmalsockel, zum Beispiel als Aufbewahrungsort für tote Revolutionshelden wie Marat, während die Reste des gestürzten Monuments oftmals noch mehrere Tage oder Wochen als Sinnbild der gesellschaftlichen Veränderung daneben liegen blieben. Erst nach dieser Übergangsphase kam es zu der Errichtung eines neuen Denkmals an gleicher Stelle. Laut Lottes sollte durch diese Praxis nicht nur der

[15] Gamboni, Dario. Die Zerstörung kommunistischer Denkmäler als Bildersturm. Historische und typologische Fragestellungen. In: Nationalkomitee der Bundesrepublik Deutschland (Hrsg.). Bildersturm in Osteuropa. Die Denkmäler der kommunistischen Ära im Umbruch. München 1994. S. 21f.

[16] Siehe dazu Abb. 1.

„Sieg der neuen politischen Kultur […] durch die sinnfällige Demontage der Herrschaftssymbolik der unterlegenen zum Ausdruck gebracht werden, [sondern galt es vielmehr,] den eigenen politischen Anspruch programmatisch mit einer neuen Symbolsprache in den Köpfen der Menschen zu verankern.“[17]

Ein besonders spektakuläres Beispiel für dieses Grundmuster während der Französischen Revolution – dem Denkmalsturz schloss sich nach einiger Zeit eine neue Denkmalerrichtung an – spielte sich auf dem Pariser Place des Victoires ab: Dem Sturz der Statue Ludwigs XIV. 1792 folgte die Errichtung eine Holzpyramide, die mit den Namen der Departements der Republik beschriftet war. Napoleon Bonaparte ließ diese wenige Jahre später abreißen und ersetzte sie nun seinerseits durch ein Denkmal aus Bronze für einen seiner gefallenen Generäle. Schon 1815 wiederum wurde das Monument entfernt, eingeschmolzen und durch eine neue Statue, dieses Mal erneut für Ludwig XIV., ersetzt.[18] Dieses Extrembeispiel verdeutlicht die Akzeptanz und die feste Verankerung des Denkmalsturzes in der Gesellschaft, vor allem jedoch auch die Überzeugung von dessen Notwendigkeit in Zeiten gesellschaftlicher Veränderung. Grundlage dieser Überzeugung war die verbreitete Ansicht der Revolutionseliten, dass das revolutionäre Bewusstsein der Anhänger erst dann vollkommen sein würde, wenn nichts mehr an die alte Geschichte erinnere. Die Erinnerung an das alte System galt als konterrevolutionär und konnte nur, so die Vorstellung, durch den totalen Bruch mit der Vergangenheit – zum Beispiel auch durch die Einführung einer neuen, eigenen Zeitrechnung – ausgelöscht werden.[19] Diese Meinung äußerte sich nicht nur im Denkmalsturz, sondern auch in der Umbenennung von Straßen und Plätzen, der Entfernung von Zeichen des Adels und der Monarchie aus der Öffentlichkeit wie der Königslilie sowie der Vernichtung zahlreicher Bücher.
Die Besonderheit des Denkmalsturzes während der Französischen Revolution war zum einen der zentral koordinierte und professionell organisierte Ablauf, der erst 1792 einsetzte, als die Revolutionäre sich von der Vorstellung verabschiedeten, die Monarchie in die neue Ge-

[17] Lottes, Günther. S. 28f.
[18] Vgl. ebd. S. 31.
[19] Ebd. S. 39.

sellschaftsordnung integrieren zu können. Zum anderen fällt die Passivität der großen Menge bei dem Akt des Sturzes auf, da die meisten Menschen als Zuschauer an den Rand gedrängt blieben. Der Abbruch wird zu einem durchdachten Schauspiel, welches auf der Ebene der Symbolik mit der alten Geschichte abschließen sollte. Die jeweils kurz darauf folgende Denkmalserrichtung an gleicher Stelle ging einher mit anderen gesellschaftlichen Veränderungen, wie der neu eingeführten Zeitrechung, und stand für den Neubeginn der französischen Gesellschaft.

Die revolutionären Ereignisse in Frankreich fanden Beachtung in ganz Europa und hatten Einfluss auf den Umgang mit Denkmälern auch in anderen Ländern. So löste der Sturm auf die Bastille in Deutschland eine Flut an politischen Schriften aus, die von „deutschen Bastillen" fantasierten und die Öffentlichkeit auf ähnliche Ereignisse vorbereiten wollten.[20] In den linksrheinischen Gebieten, vor allem in der Mainzer Republik, die unter einem starken Einfluss der Französischen Revolution standen, kam es infolge der Denkmalstürze in Frankreich ab 1792 ebenfalls zu Angriffen auf herrschaftliche Monumente. Die so genannten deutschen Jakobiner, die sich vor allem aus Bildungsbürgern, Handwerkern und Kaufleuten rekrutierten und Unterstützung durch die französische Rheinarmee erfuhren, waren die treibende Kraft hinter diesen Aktionen. Sie erhofften sich, durch Denkmalstürze eine revolutionäre Dynamik auch in Deutschland auslösen zu können. Als beispielhaft für dieses Vorgehen kann der Sturz des Eisenmonuments vor dem Mainzer Stadtgerichtshaus angeführt werden. Dieses war ein dreipfostiges Gerichtszeichen, in welches verbindliche Maße eingelassen waren, jedoch von der Bevölkerung durch seine Geschichte nur als Zeichen politischer Fremdherrschaft angesehen wurde. Die Errichtung geschah im Zusammenhang mit dem Verlust der städtischen Privilegien durch die neuen geistlichen Herrscher rund dreihundert Jahre

[20] Reichardt, Rolf. Bastillen in Deutschland? Gesellschaftliche Außenwirkungen der Französischen Revolution am Beispiel des Pariser Bastillesturms. In: Ralph Melville u.a. (Hrsg.). Deutschland und Europa in der Neuzeit. Stuttgart 1988. S. 419ff. Allerdings erkannten die zeitgenössischen Herausgeber der Schriften schon teilweise, dass ein ähnlich wirkungsmächtiges, zentrales Symbol des Despotismus, wie die Bastille in Frankreich, aufgrund der föderalen Struktur in Deutschland nicht vorhanden war.

zuvor.[21] Das Monument geriet ins Visier der Jakobiner, „weil es Adels- und Kirchenmacht einerseits, die Beschneidung von Freiheit […] andererseits zu spiegeln schien."[22] Bei dem Vorgang des Sturzes ist zunächst der Grad an bewusster Organisation und sorgfältiger Vorbereitung auffällig. Der Ablauf des gesamten Sturzvorgangs sowie die komplette Protokollierung des Ereignisses durch Mitglieder der Jakobiner machen deutlich, dass es sich hierbei um keine spontane Aktion gehandelt haben kann. So zog eine Parade unter Begleitung einer Militärkapelle, die die *Marseillaise* spielte und so den Bezug zu der Französischen Revolution herstellte, vom Mainzer Schloss zum Denkmal. Der Parade vorneweg wurde ein Freiheitsbaum getragen, der nach dem erfolgten Sturz des Denkmals an gleicher Stelle gepflanzt werden sollte. Vor dem Monument hielt zunächst ein führendes Mitglied des Jakobinerklubs eine Rede und

> „tat […] selbst ein paar symbolische Schläge, worauf es eigens herbeibestellte Handwerker übernahmen das Denkmal fachgerecht zu zerlegen. […] An der Stelle wurde sodann unter dem Ruf 'Vive la Nation' der Freiheitsbaum errichtet."[23]

Im Anschluss an den Sturz wurden Denkmal und Sockel zerstückelt und den Anwesenden als Andenken mit nach Hause gegeben.[24] Durch die zahlreichen Anspielungen auf die Französische Revolution – unter anderem das Spielen der *Marseillaise* und der Ruf „Vive la Nation" – wurden die Ereignisse in eine direkte Traditionslinie zu den Umstürzen in Frankreich gesetzt. Seine Legitimation erfuhr der Sturz durch die Anknüpfung an historische Beispiele durch starke Ritualisierung und Übernahme von Elementen französischer Revolutionsfeiern. Typische Festelemente wie Musik, Festzug, Ansprachen sowie symbolische und rituelle Handlungen – in anderen Fällen gab es im Anschluss sogar ein gemeinsames Festmahl – „zielte[n] auf die emotionale Wir-

---

[21] Vgl. Speitkamp, Winfried. Protest und Denkmalsturz in der Übergangsgesellschaft. Deutschland vom ausgehenden 18. Jahrhundert bis zur Revolution von 1848. In: Ders. (Hrsg.). Denkmalsturz. Zur Konfliktgeschichte politischer Symbolik. Göttingen 1997. S. 52.

[22] Ebd. S. 54.

[23] Zit. nach: Ebd. S. 53.

[24] Zum genauen Ablauf und für weitere Details siehe: Scheel, Heinrich. Die Mainzer Republik. Bd. 1. Berlin 1975. S. 105-109.

kung [bei den Teilnehmern ab und] sollte[n] Gemeinschaft stiften."[25] Das demonstrative, symbolisch akzentuierte Ende war gleichzeitig auch ein gesellschaftlicher Neubeginn – verdeutlicht durch den Freiheitsbaum, der den Beginn einer neuen Epoche anzeigen sollte –, der durch den Gemeinschaft stiftenden Ablauf begünstigt wurde.[26]
Im Laufe der 1790er Jahre wurden die Denkmalstürze in den linksrheinischen Gebieten immer mehr zu stark ritualisierten und zwanghaften Veranstaltungen, die von den Herrschenden geplant und regelmäßig zur Sicherung ihrer Herrschaft durchgeführt wurden.[27] So wiederholte sich schon im Januar 1793, nur zwei Monate nach dem ersten Mainzer Denkmalsturz, die gleiche Prozedur noch einmal. Wiederum fand ein Festzug statt, die *Marseillaise* wurde gespielt, ein Freiheitsbaum von den Demonstranten mitgeführt und am Standort des gestürzten Monuments Reden von Mitgliedern des Jakobinerklubs

---

[25] Speitkamp, Winfried. S. 54.
[26] Der „Denkmalsturz [war] alles andere als ein destruktiver Akt. Er wollte schon durch die Form das Neue begründen. [...] Der Ort wurde durch die Errichtung eines Freiheitsbaumes sogar hervorgehoben, die Trümmer des Monuments verteilt, um alle partizipieren zu lassen. Der Denkmalsturz sollte zugleich verfestigen und zum Denkmal der neuen Zeit werden." In: Ebd. Der Akt des Trümmerverteilens offenbart interessante Parallelen zu Einsetzungsfeierlichkeiten von Königs- und Kaiserkrönungen in Deutschland in der Frühen Neuzeit. Auch hier wurden nach dem Übergang der zu krönenden Person von einen in den anderen Zustand Erinnerungsstücke an die Zuschauer ausgegeben. Besser gesagt, es war üblich, dass sich die Menschen ihre Andenken selbst nahmen, indem sie Tücher, Banner und Ähnliches zerrissen und mit nach Hause nahmen. Johann Wolfgang von Goethe beschrieb so ein solches Ereignis im Anschluss an die Krönung Joseph II. zum römisch-deutschen Kaiser 1764 in Frankfurt: „Mehrere Tage vorher war durch öffentlichen Ausruf bekannt gemacht, daß weder die Brücke noch der Adler über dem Brunnen preisgegeben, und also nicht vom Volke wie sonst angetastet werden solle. [...] Allein um doch einigermaßen dem Genius des Pöbels zu opfern, gingen eigens bestellte Personen hinter dem Zuge [des Kaisers] her, lösten das Tuch von der Brücke und warfen es in die Luft. [...] Diejenigen nun, welche die Enden faßten und solche an sich zogen, rissen alle die Mittleren zu Boden, umhüllten und ängstigten sie so lange, bis sie sich durchgerissen oder durchgeschnitten, und jeder nach seiner Weise einen Zipfel dieses durch die Fußtritte der Majestäten geheiligten Gewebes davongetragen hatte." In: Goethe, Johann Wolfgang von. Werke. Hamburger Ausgabe in 14 Bänden. Bd. 9, autobiographische Schriften; 1. München 1982. S. 202f.
[27] Vgl. Speitkamp, Winfried. S. 54-57.

gehalten. Die „neuen Errungenschaften der Freiheit und Gleichheit [sollten] per Zwang ab[ge]sichert“ werden und degradierte so die Teilnehmer der Veranstaltung zu „Komparsen“.[28] Der Historiker Winfried Speitkamp schlussfolgerte daraus, dass der

> „Denkmalsturz [...] jetzt in der Inszenierung ganz seines voluntaristischen und aktivistischen Charakters entkleidet [war]; er wurde nur mehr symbolisch durchgeführt. Es handelte sich lediglich um eine nachträgliche feierliche Beschwörung längst vollzogener realer Umstürze“.[29]

Der revolutionäre Charakter des Sturzes ging zu Gunsten einer konservativen, den Jetzt-Zustand erhaltenden Bedeutung verloren.

III.1.2. Drittes Reich

Ganz andere Voraussetzungen besaßen die Denkmalstürze in der Zeit des Nationalsozialismus in Deutschland. Von Anfang an war die Abrisspraxis Bestandteil der nationalsozialistischen Kulturpolitik. Spontane Aktionen gegen Denkmäler gab es weder 1933 im Zuge der Machtergreifung noch in der Zeit danach. Ganz im Gegenteil: Der Denkmalsturz besaß immer eine propagandistische Vorbereitung und sollte den Anschein erwecken, gesetzlich legitimiert zu sein.[30] Organisationen wie der „Führer-Rat der vereinigten Deutschen Kunst- und Kulturverbände“ schufen für die Vorgehensweise des bürokratisch organisierten Sturzes die Grundlage, indem sie manche Monumente als

„volksunrein“ und damit nicht für erhaltenswert deklarierten. So forderten sie unter anderem schon 1933, dass

---

[28] Ebd. S. 54f.
[29] Ebd. S. 55.
[30] Vgl. Thamer, Hans-Ulrich. Von der Monumentalisierung zur Verdrängung der Geschichte. Nationalsozialistische Denkmalpolitik und die Entnazifizierung von Denkmälern 1945. In: Winfried Speitkamp (Hrsg.). Denkmalsturz. Zur Konfliktgeschichte einer politischen Symbolik. Göttingen 1997. S. 123.

„die vom Volksempfinden abgelehnten Standbilder oder Bildhauerwerke, die öffentliche Plätze und Gärten verunzieren, schleunigst verschwinden, [...] um den dutzendfach vorhandenen Deutsch-Schaffenden Platz zu machen.“[31]

Kriterium für den Wert eines Denkmals in dieser Zeit war vor allem die Vereinbarkeit mit der nationalsozialistischen Ideologie. Davon abweichende Bildnisse, die gegen das „gesunde Volksempfinden“ verstießen und für „Entartung“ und Dekadenz, die Weimarer Republik, Marxismus oder jüdische Kultur standen, besaßen aus Sicht der zeitgenössischen Kulturpolitik keinen künstlerischen Wert und wurden dementsprechend – in der Regel unter dem Vorwand, sie würden die Menschen durch ihre bloße Anwesenheit stören – entfernt.
Die Denkmalstürze in der nationalsozialistischen Zeit lassen sich grob in drei zeitliche Phasen einteilen:[32] Die erste Phase begann mit der Machtergreifung 1933 und richtete sich zunächst zum einen gegen Kriegerdenkmäler und Gedenkstätten, die nicht mit dem nationalsozialistischen Bild des heroisch gefallenen Soldaten übereinstimmten, und zum anderen gegen Symbolfiguren der politischen Linken. Ungefähr ab 1937 datiert Hans-Ulrich Thamer die zweite Phase der Denkmalsturzwelle: Im Zusammenhang mit der politischen Radikalisierung des Systems und demzufolge auch der Kultur- und Kunstpolitik richtete sich die Aufmerksamkeit nun auf Werke von unliebsamen Künstlern und deren Monumente, die als „entartete“ Kunst galten, das heißt mit den nationalsozialistischen Vorstellungen von Kunst nicht übereinstimmten. Die dritte Phase setzte während des Krieges, schwerpunktmäßig ab der zweiten Kriegshälfte, ein. Dieses Mal fand die Selektion der zu stürzenden Denkmäler jedoch unter wesentlich pragmatischeren Gründen statt, da es vor allem um das Sammeln von Metall für die Rüstungsindustrie ging, die so viele Rohstoffe wie möglich benötigte, um den Nachschub für die Front sichern zu können. Eine Daseinsberechtigung besaßen nur noch Denkmäler, die einen direkten Bezug zu der Ideologie des nationalsozialistischen Regimes hatten. Selbst Bauten, die in der Kaiserzeit errichtet worden waren und die Deutschlands Größe zeigen sollten, waren vor der Demontage nicht

[31] Zit. nach: Ebd. S. 122.
[32] Einteilung nach Hans-Ulrich Thamer. Siehe dazu: Ebd. S. 114ff.

sicher: Sie galten als „überlebtes Zeichen einer früheren Denkmalsmanie […] oder [ihr] Erinnerungswert [als] längst verblaßt“.[33]
Im Laufe der nationalsozialistischen Herrschaft vergrößerte sich der Kreis der vom Abriss bedrohten Denkmäler immer weiter. Aber insbesondere die in den ersten beiden Phasen stattgefundenen Stürze stehen im Zusammenhang mit einer *damnatio memoriae* der Geschichte vor 1933. Die Nationalsozialisten grenzten sich in ihrem Auftreten und in ihrem Selbstbild stark von der Weimarer Republik ab und wollten das auserkorene Feindbild auch in Kunst und Kultur beseitigen. Besonders auffällig ist der für diese Zeit so typische vorauseilende Gehorsam. Selten wurde ein Denkmalsturz von oben forciert, sondern fand in der Regel durch lokale Parteiaktivisten statt, die durch Kampagnen den Abriss initiierten.[34] Dabei reichte die Bandbreite der nationalsozialistischen Denkmalstürze von der totalen Zerstörung des Monuments über Umwidmungen bis hin zur äußeren Veränderung durch (De-)Montage von Inschriften und Plaketten.[35] Der Vorgang selbst, der immer in sehr organisierten Bahnen ablief, beinhaltete oft auch die Verunglimpfung und Verächtlichmachung des Künstlers beziehungsweise des Denkmals.[36]

III.2. Sturz sozialistischer Denkmäler in Osteuropa

Als die Sowjetunion und mit ihr das sozialistische System in Osteuropa 1989 zusammenbrach, kam es nicht nur in Russland, sondern auch in den zahlreichen „Brüderländern“ zu Denkmalstürzen. Diese richteten sich vor allem gegen Personendenkmäler, die wichtige Theoretiker des Sozialismus, vor allem Lenin, und andere ehemals wichtige nationale, sozialistische Politiker darstellten. Neben dem Sturz der alten Eliten vom Thron der Macht fielen vom Baltikum bis ans Schwarze Meer ebenfalls ihre Bildnisse von den Sockeln. So sehr auch das „öf-

[33] Ebd. S. 121.
[34] Vgl. ebd.
[35] So verfügte beispielsweise Joseph Goebbels 1935, dass von allen Gefallenendenkmälern des Ersten Weltkrieges die Namen jüdischer Soldaten entfernt werden sollen.
[36] Das Denkmal eines jüdischen Medizinprofessors in Erlangen wurde vor seinem Sturz mit einem Wattebart verunstaltet. Vgl. dazu: Ebd. S. 123.

fentliche Bildgedächtnis vom Ende des sowjetischen Imperiums in Zentraleuropa […] von Denkmalstürzen […] geprägt“[37] ist, fällt es doch auf, dass der Erkenntnistand über die

> „bilderstürmerischen Taten in den ehemaligen kommunistischen Ländern […] bis jetzt – verglichen mit der überreichen bildlichen Vermittlung dieser Ereignisse – mangelhaft“[38]

ist. Neben einzelnen regionalen Untersuchungen – zum Beispiel über Böhmen und die Slowakei durch Berthold Unfrieds Sammelband *Spuren des „Realsozialismus“ in Böhmen und der Slowakei*[39] – fand eine Überblicksdarstellung über die Denkmalstürze in ganz Osteuropa nur in dem Tagungsband *Bildersturm in Osteuropa. Die Denkmäler der kommunistischen Ära im Umbruch*[40] statt. Eine vergleichende und vor allem die Unterschiede in den einzelnen Ländern analysierende Untersuchung ist bis heute, zumindest im deutsch- und englischsprachigen Raum, nicht erschienen.
Die sozialistischen Denkmäler wurden in den einzelnen osteuropäischen Ländern mit einer erstaunlichen Vehemenz gestürzt. Neben dem Sturz des alten, als bedrückend und die persönliche Freiheit einschränkenden empfundenen Systems richteten sich die Emotionen vor allem gegen die kommunistischen Monumente, da sie als „Zeichen

---

[37] Pribersky, Andreas. Krieg, Befreiung, Freiheit? Bedeutungswandel des sowjetischen Denkmals am Budapester Gellért-Berg von 1947 bis heute. In: Rudolf Jaworski, Peter Stachel (Hrsg.). Die Besetzung des öffentlichen Raumes. Politische Plätze, Denkmäler und Straßennamen im europäischen Vergleich. Berlin 2007. S. 191. Siehe auch: Unfried, Berthold. Denkmäler des Stalinismus und „Realsozialismus“ zwischen Bildersturm und Musealisierung. In: Ders. (Hrsg.). Spuren des „Realsozialismus“ in Böhmen und der Slowakei. Monumente – Museen – Gedenktage. Wien 1996. S. 22: „Das meistverwandte Bild für das Ende des ‘realsozialistischen’ Regimes ist der Sturz der Denkmäler. Der stürzende Lenin von Riga, dessen emphatisch lehrender Arm im Sturz sich zum Abschiedsgestus gewandelt hat, ist zum prämierten Bild des Endes einer Epoche geworden.“

[38] Gamboni, Dario. S. 24.

[39] Unfried, Berthold (Hrsg.). Spuren des „Realsozialismus“ in Böhmen und der Slowakei. Monumente – Museen – Gedenktage. Wien 1996.

[40] Nationalkomitee der Bundesrepublik Deutschland (Hrsg.). Bildersturm in Osteuropa. Die Denkmäler der osteuropäischen Ära im Umbruch. München 1994.

einer Fremdherrschaft" durch die Sowjetunion angesehen wurden.[41] Eine wichtige Rolle bei der Deutung der Monumente spielte ihre Architektur. Diese nahm im Sozialismus eine wichtige Rolle bei der Vermittlung der Ideologie ein: „Sie [Anm. d. Verf.: die sozialistische Architektur] verfügt über einen tiefen ideellen Gehalt [und] [...] spiegelt die Wirklichkeit ihrer Zeit"[42] wider. Es herrschte der Glaube, dass die ideale Gesellschaft durch den Sozialismus erreicht sei und die Architektur es deswegen nicht mehr zur Aufgabe habe, für die neue Gesellschaft zu experimentieren.[43] Dies ist einer der Hauptgründe, warum die Denkmäler des gesamten sowjetischen Einflussbereiches scheinbar wie eine Endloskette von Kopien aussahen, die alle im gleichen architektonischen Zeitstil geplant und errichtet wurden. Die totalitäre Staatskunst wurde als nichts anderes gesehen

> „als die Kunst der erlösten Welt, die Objektivierung der Euphorie erlöster Geschöpfe [...] Als 'Endpunkt' und triumphale Krönung der 'Entwicklung' der Künste gilt in diesem Mythos der 'reife' Sozialistische Realismus. [Dagegen verkörpert] die moderne russische Kunst der vorrevolutionären Periode [...] unerlöstes und nach Erlösung lechzendes Sein, das von der Hölle des Faschismus verschluckt zu werden droht, während die Bewohner dieser Sphäre ihre begeisterten Blicke auf das ferne Paradies richten."[44]

Die Sozialistische Architektur hatte die konkrete Sendungsaufgabe, die Überlegenheit des kommunistischen Systems zu verbildlichen. Von der Architektur wurde ebenso wie von den anderen Künsten erwartet, dass sie die Aufgabe der „Wiedergabe der Wirklichkeit" erfülle.[45] Die in diesem Sinne errichteten Denkmäler konnten daher nicht in architektonischer Vielfalt ihre Botschaft verbreiten, sondern mussten in visueller Einheit die „perfekte" Gesellschaft – den „paradiesi-

---

[41] Unfried, Berthold. S. 24.

[42] Zit. nach: Ferkai, András. Über die Stalinsche Architektur. In: Péter György, Hedvig Turai (Hrsg.). Staatskunstwerk. Kultur im Stalinismus. Corvina Kiado 1992. S. 34.

[43] Ebd. S. 28.

[44] Szilágyi, Ákos. Paradiesischer Realismus. Totalitäre Staatskunst im 20. Jahrhundert. In: Péter György, Hedvig Turai (Hrsg.). Staatskunstwerk. Kultur im Stalinismus. Corvina Kiado 1992. S. 7.

[45] Ferkai, András. S. 34.

schen Realismus"[46] – darstellen. Dementsprechend durfte die aus der Sowjetunion in die anderen osteuropäischen Länder transferierte Ideologie in Gestalt von Denkmälern in den einzelnen Nationen keine Variation erfahren:

„Zwischen dem Original der sowjetischen totalitären Kultur und deren mitteleuropäischen Nachahmungen und Kopien besteht ein Zusammenhang. Ihren Sinn erhält die Kopie hier gerade dadurch, dass sie Kopie ist, nämlich die geheiligte Imitation eines endgültigen und unerreichbar vollendeten Originals."[47]

Erst durch das Kopieren eines vorgegebenen Stils erfuhren die Denkmäler in den osteuropäischen Ländern des sowjetischen Einflussbereiches ihre Daseinsberechtigung. Der ungarische Kulturwissenschaftler Ákos Szilágyi sieht in dieser Nachahmung des sowjetischen Bild- und Denkmalrepertoires einen politischen Treueschwur, denn eine „Kopie zu sein, [bedeutet] in der quasi-religiösen totalitären Kultur des 'Stalinismus' soviel [...] wie teilhaben an der Vollkommenheit des originalen Seins."[48] Die hier gezogene Verbindung zur Religiosität – Sozialismus gleichsam als Religionssurrogat – lässt vermuten, dass die monumentalen Stalin- und Lenindenkmäler nicht nur als Denkmal, sondern auch als riesige Kultobjekte im öffentlichen Raum angesehen wurden.[49] Gleich den Marienstatuen im Christentum erhielten sie immer die gleichen Züge, das gleiche Aussehen und die gleiche Gestik:

„Religiöse Gruppen [...] besitzen die vehementeste Tendenz, sich im Raum zu symbolisieren, um die Unwandelbarkeit ihrer Inhalte sichtbar zu machen: 'Eine religiöse Gruppe hat mehr als jede andere das Bedürfnis, sich auf ein Objekt zu stützen, auf irgendeinen fortdauernden Teil der Realität'".[50]

---

[46] Ebd.
[47] Szilágyi, Ákos. S. 9.
[48] Ebd.
[49] „Ein bedeutender Teil der nach 1945 errichteten Denkmäler war zugleich auch Kultstatue, sollte also auch Kultfunktionen erfüllen." In: Sinkó, Katalin. Die Riten der Politik. Denkmalserrichtung, Standbildersturz. In: Péter György, Hedvig Turai (Hrsg.). Staatskunstwerk. Kultur im Stalinismus. Corvina Kiado 1992. S. 72.
[50] Schmoll, Friedemann. S. 49.

Bei der Betrachtung der stalinistischen Monumentalplastik, so der Historiker Berthold Unfried, „springt ihr ‘sakraler’ Charakter ins Auge.“ Sie repräsentiere eine überzeitliche und absolute Form von Macht, die sich im quasi-sakralen Bereich des Marxismus-Leninismus, der als allmächtig und deswegen als wahr angesehen wurde, legitimiere.[51] Die Gesellschaftsordnung begründete sich auf ihre Quasi-Religiosität, der „ Mythos der sowjetischen Gesellschaft kann und muss religiös, und zwar in den heilsgeschichtlichen Kategorien der christlichen Religion, erlebt werden.“[52]
Diese Herausbildung einer „Ersatz“-Religion in Form des Kommunismus war jedoch nur möglich, weil andere Deutungsangebote – andere Quasi-Religionen – während des Gesellschaftswandels entfernt wurden und so zur Kultvermittlung nicht zur Verfügung standen. So wie bei der Verbreitung des Christentums heidnische Kultstätten in Europa einfach mit neuen christlichen Werten aufgeladen und die alten damit verdrängt wurden, galt es das eigene „Religionsangebot“ – den Sozialismus – durch ein Bildnismonopol zu verbreiten. Deswegen war die „Voraussetzung für die Herausbildung [eines sozialistischen Kultes] die Vernichtung und Umgestaltung der Denkmale der vorangegangenen Ära.“[53] So ordnete beispielweise das Ministerium für Religions- und Unterrichtsangelegenheiten Ungarns 1947 an, folgende Darstellungen aus dem öffentlichen Leben zu entfernen: Bilder und Landkarten, die aufgrund der Darstellung der einzelnen Ethnien Ungarns die Einheit der Nation gefährden würden, konterrevolutionäre Bilder, Abbildungen und Skulpturen früherer Politiker und führender Würdenträger, Bildnisse mit kriegshetzerischem Inhalt, an aufgelöste Institutionen erinnernde Bilder sowie die österreichisch-ungarische Gemeinschaft illustrierende Darstellungen.[54] Neben bildlichen Zeugnissen und Landkarten vergangener Zeiten waren auch Denkmäler von dieser Verordnung betroffen. Der Bruch mit der Vergangenheit sollte so radikal wie möglich sein und politische Elemente der vorangegangen Ära aus dem Alltagsbild getilgt werden. Als nächster Schritt folgte eine „Stalinisierung“ der Öffentlichkeit, die die neue Ordnung der

[51] Unfried, Berthold. S. 19.
[52] Szilágyi, Ákos. S. 11.
[53] Sinkó, Katalin. S. 72.
[54] Zit. nach: Ebd. S. 74.

ungarischen Zeitrechung durch einen eigenen Zeitstil von der Epoche davor abgrenzen sollte:

„Ihrer Überzeugung entsprechend und dem sowjetischen Modell folgend, das als Wegweiser verstanden wurde, war die herrschende Klasse der Rákosi-Ära[55] darum bemüht, einen eigenen Zeitstil herauszubilden. Sie vertrat die Meinung, ihre Zeit gleiche jenen großen Epochen der Weltgeschichte, deren Zeitstil alle Teilbereiche der Kunst durchdrang. Zu diesem Bedürfnis nach einem Zeitstil, d.h. der Programmfolge der Veränderungen, die auch als eine Machtoffenbarung gedeutet werden könnte, gehörten auch das Umgestalten der Visualität des alltäglichen Lebens und das Schaffen einer neuen Symbolik."[56]

Die als unbrauchbar und veraltet beziehungsweise als bedrohlich für die Gesellschaftsordnung empfundenen Symbole der überlebten Ära wurden entfernt und durch neue eigene ersetzt.[57]
In Anbetracht der herausragenden Stellung, die Denkmälern und Architektur bei der Vermittlung des sozialistischen Gesellschaftssystems, insbesondere des Stalinismus, eingeräumt wurde, ist es wenig verwunderlich, dass die Menschen bei Aufständen in den osteuropäischen Staaten ihre Wut auch an den Monumenten ausließen. Die als Zeichen der sowjetischen Fremdherrschaft wahrgenommenen Denk-

[55] Mátyás Rákosi, Generalsekretär der Kommunistischen Partei Ungarns und später auch Ministerpräsident. Leitete ab 1945 die Sowjetisierung Ungarns ein.
[56] György, Péter. Der Spiegel des Alltags oder das Bedürfnis nach einem Zeitstil. In: Péter György, Hedvig Turai (Hrsg.). Staatskunstwerk. Kultur im Stalinismus. Corvina Kiado 1992. S. 13.
[57] An dieser Stelle sei beispielhaft an das „Sowjetische Mahnmal am Gellért-Berg" in Ungarns Hauptstadt Budapest erinnert. Das 1947 errichtete Denkmal (siehe Abb. 2.) in Form einer Figurengruppe stellt den Genius der Freiheit mit einer Siegespalme in den erhobenen Händen dar. Flankiert wird diese Figur von einer Statue eines sowjetischen Soldaten sowie zwei Figuren, die den Fortschritt und den Sieg über den Faschismus und Nationalsozialismus verbildlichen. Eingerahmt wird die Figurengruppe von Reliefen, die die sowjetisch-ungarische Begegnung 1945 und die Denkmalserrichtung eines unbekannten sowjetischen Soldaten abbilden. Neben der eindeutigen Referenz auf die Sowjetunion kommen die für den Sozialismus typischen Schlagworte zum Einsatz: Fortschritt, Freiheit und Sieg über den Faschismus. Des Weiteren orientiert sich die monumentale Architektur stark an sowjetischen Vorbildern. Das Denkmal beherrschte durch seine Lage am Gellért-Berg das Stadtbild Budapests. Für weitere Details zu dem Mahnmal siehe: Pribersky, Andreas. S. 193-196.

mäler, schließlich handelte es sich in der Regel um Kopien des sowjetischen Denkmalstils, fielen sowohl den Aufständen 1956 in Ungarn als auch 1989 beim Zusammenbruch der Sow-jetunion den gesellschaftlichen Metamorphosen zum Opfer. Das sozialistische System war eine „statuomanische“[58] Gesellschaft, die von einem Teil der Bevölkerung als bedrückend und einengend empfunden wurde. Die Präsenz dieser

> „steinernen und metallenen Werbeträger ‘für ewige Zeiten’ [verkündete auf allen öffentlichen Plätzen] historische Legitimität und endzeitliche Perspektiven des bestehenden Systems“.[59]

Sie forderte in dem Moment, in dem die unterdrückten Bevölkerungsgruppen die Macht hatten, ungefährdet ihrer Wut freien Lauf zu lassen, gerade dazu auf, die Denkmäler zu stürzen. Im Folgenden soll anhand mehrerer Beispiele der genaue Ablauf einer solchen „Emotionsentladung“ im Detail dargestellt werden.

III.2.1. Budapest 1956

Ein äußerst eindrucksvolles Beispiel für den Sturz eines sozialistischen Denkmals ereignete sich im Oktober 1956 während der Aufstände der Studenten und Arbeiter gegen die sowjetische Fremdherrschaft in Ungarn. Demonstrierende Studenten, die für einen Abzug der sowjetischen Armee, die Einberufung eines Parteikongresses und die Einsetzung einer neuen, gemäßigten kommunistischen Regierung, freie Wahlen, ein Mehrparteiensystem, freie Presse und das Ende des Stalinismus am 23. Oktober auf die Straße gingen, brachten die Revolution in Gang. Der Staatsterror der alten stalinistischen Kader sollte, so die Forderung der Demonstranten, endlich ein Ende haben. Insbesondere auch deshalb, da Nikita Chruschtschow, neuer Parteichef der KPdSU in der Sowjetunion, im Februar 1956 selbst das Ende des Stalinismus gefordert, die Umsetzung in Ungarn aber noch nicht stattge-

---

[58] Unfried, Berthold. Einleitung. In: Ders. (Hrsg). Spuren des „Realsozialismus“ in Böhmen und der Slowakei. Monumente – Museen – Gedenktage. Wien 1996. S. 11.
[59] Ebd.

funden hatte. Vor dem Parlament in Budapest forderten sie, dass Imre Nagy, der Hoffnungsträger einer gemäßigten, nicht-stalinistischen kommunistischen Linie, neuer Ministerpräsident werden solle. Währenddessen versammelten sich ebenfalls zahlreiche Demonstranten vor dem verhassten Stalin-Denkmal, dass von den Menschen als Zeichen der sowjetischen Fremdherrschaft und des Staatsterrors unter Mátyás Rákosi gesehen wurde:

„Eine ungeheure Menschenmenge drängte sich auf dem Platz zusammen. [...] Ich drängte mich durch die Menge nach jener Seite hin und bemerkte – am Fuß des Denkmals angekommen –, daß man auf Stalins Brust eine Tafel angebracht hatte, auf der zu lesen war: 'Ruszkik hogyha szaladtok, engem itt ne hagyjatok!' [Übersetzung von Peter Gosztony: 'Russe, vergiß nicht, wenn du fliehst, mich mitzunehmen!'] [...] und von überall her tönte es: 'Vorwärts! Herunter mit ihm!' Auf den bereitgestellten Leitern kletterten junge Leute an der Statue empor. Sie zogen Stahlseile nach sich, die sie Stalin um den Hals legten. Dieser Anblick Stalins mit den vier Stahlseilen um den Hals entfachte in uns eine ungeheure Freude. Wir erinnerten uns seines Todestages, der für uns eine ebenso große Freude gewesen war. [...] An [...] das erinnerte ich mich in diesem Augenblick, da die Seile angezogen wurden. Die gewaltige Gestalt bewegte sich aber nicht und schien uns mit ihrem Lächeln zynisch anzublicken. [...] Ein Stahlseil nach dem anderen zerriß bei dem Versuch, den Koloß herunterzuziehen. Die Ungeduld des wartenden Publikums steigerte sich zusehends. Nun erschienen auf einem Lastwagen zwei junge Arbeiter, die Schweißbrenner mit sich brachten. Unter dem Jubel der hunderttausendköpfigen Menge fingen die beiden an, die Bronzegestalt über den Stiefeln durchzuschneiden. Danach wurden die frisch angelegten Seile wieder angezogen, und um 21.35 Uhr [...] fiel der bronzene Stalin von seinem hohen Podest auf die Erde nieder. Mit dem Sturz schien plötzlich auch von unseren Herzen der Druck zu weichen, der all diese Jahre auf uns gelastet hatte. [...] Um den Hals des gestürzten Diktators wurde jetzt ein Stahlseil gewunden und an einem Traktor befestigt, der die Statue auf diese Weise durch die Straßen von Budapest schleifte. [...] Die Menge bespuckte die Statue und gab ihr Fußtritte, um damit der aufgespeicherten Wut über die russische Diktatur Ausdruck zu geben. Der Tumult nahm immer größere Formen an, bis ein Student die Masse zur Ordnung rief und vorschlug, daß alle, die Stalin bereits bespuckt oder ihm einen Fußtritt gegeben hätten, sich zurückziehen sollten, um den anderen Platz zu machen.“[60]

[60] Augenzeugenbericht des Angestellten István Tollas. Zit. nach: Gosztony, Peter (Hrsg.). Der ungarische Volksaufstand in Augenzeugenberichten. München 1981. S. 148-150. Siehe auch: Gadney, Reg. Cry Hungary! Uprising 1956. London 1986. S. 36-39.

Dieser Augenzeugenbericht ermöglicht einen umfassenden Einblick in die Geschehnisse rund um das Budapester Stalin-Denkmal am 23. Oktober 1956. Viele der hier beschriebenen Aspekte werden noch einmal wesentlich intensiver im weiteren Verlauf dieser Arbeit behandelt. Nichtsdestotrotz lohnt sich an dieser Stelle schon ein erster Blick auf die einzelnen Elemente dieses destruktiven Aktes. So begann der Sturz mit einem Demonstrationszug, der die Menschenmassen bis direkt an das Denkmal heranführte. Der Stalin-Statue wurde eine Schrifttafel umgehängt – „Russe, vergiß nicht, wenn du fliehst, mich mitzunehmen!“ –, auf der Stalin als der personifizierte Russe verhöhnt wurde. Vor allem wird durch diese Aufschrift deutlich, dass das Monument nicht als ein ungarisches Zeichen, sondern als ein Symbol sowjetischer Fremdherrschaft angesehen wurde. Als die Sowjets nach dem Krieg gekommen waren, hätten sie den bronzenen Stalin mitgebracht und nun sollten sie ihn bei ihrer Flucht wieder mitnehmen, so die Botschaft dieser Aufschrift. Durch das Besteigen des Denkmals wurde diesem der Anspruch, ein Kultobjekt zu sein, abgesprochen; die Perspektive der Menschen auf das Bauwerk wird verändert: Durch das Besteigen muss der Blick nicht mehr andächtig von unten nach oben gerichtet werden, sondern es kann von oben auf das Denkmal herabgeschaut werden.[61] Im folgenden Akt wurden dem bronzenen Stalin Stahlseile um den Hals gelegt, um ihn anschließend stürzen zu können. Unweigerlich werden Assoziationen an eine Hinrichtung durch Erhängen wach, bei der dem Hinzurichtenden ebenfalls ein Seil um den Hals gelegt wird. Die vom Augenzeugen ausgedrückte Freude über diesen Vorgang verdeutlicht die Gleichsetzung des Stalin-Denkmals mit Stalin selbst:

> „Dieser Anblick Stalins mit den vier Stahlseilen um den Hals entfachte in uns eine ungeheure Freude. Wir erinnerten uns seines Todestages, der für uns eine ebenso große Freude gewesen war.“

Hier wurde nicht nur ein Monument gestürzt, so der Glaube, sondern der verhasste sowjetische Führer Stalin selbst musste, zum zweiten Mal nach seinem realen Tod, sein Leben lassen. Das Scheitern des

[61] Siehe dazu Abb. 3. Junge Arbeiter und Studenten besteigen mit Hilfe einer Leiter das Denkmal und bringen Stahlseile an.

ersten Sturzversuches – „Die gewaltige Gestalt bewegte sich aber nicht“ – schien der bronzene Koloss in den Augen der Betrachter mit einem zynischen Lächeln, einem menschlichen Zug, zu quittieren.[62] Dies ist ebenfalls ein Zeichen dafür, dass das Denkmal nicht nur als bloßes Bauwerk, sondern auch als reales Wesen mit eigenen Charakterzügen gesehen wurde. Erst der massive Einsatz von Schweißbrennern und Stahlseilen brachte das Monument unter dem Jubel der Menschenmassen zu Fall.[63] Deutlich wird in der Aussage des Augenzeugen die Erleichterung und das Gefühl des Sieges, wenn davon die Rede ist, dass mit „dem Sturz [...] plötzlich auch von unseren Herzen der Druck zu weichen [schien], der all diese Jahre auf uns gelastet hatte.“ Der Sturz des Denkmals nahm die Funktion eines gesellschaftlichen Druckventils ein, durch welches sich die kollektive Wut und der Frust entluden. Im Anschluss daran scheint es, obwohl durch den Bericht nicht explizit erwähnt, zu einer wahren „Zerstörungsorgie“ an der Statue gekommen zu sein. So zeugen zumindest Bildquellen davon, dass der Kopf vom Rest abgetrennt wurde[64] und István Tollas erwähnt, dass die

„Menge [...] den Laden [stürmte] und [...] sämtliche Bücher von und über Stalin auf die Straße [warf], wo andere sie aufsammelten und in den Kopf der Stalin-Statue stopften.“[65]

Der Siegeszug mit dem gestürzten Denkmal durch die Stadt verbreitete schnell die Botschaft von dem Sieg über den bronzenen Stalin und zeigte zudem die plötzlich erlangte Macht über den ehemaligen Unterdrücker:

„Um den Hals des gestürzten Diktators wurde jetzt ein Stahlseil gewunden und an einem Traktor befestigt, der die Statue auf diese Weise durch die Straßen von Budapest schleifte.“

In einer anderen Situation hätte sicherlich allein der Versuch, dem Denkmal etwas anzutun, zu einer Gefängnisstrafe geführt. Während

[62] Sie „schien uns mit ihrem Lächeln zynisch anzublicken.“
[63] Siehe dazu: Abb. 4.
[64] Siehe dazu: Abb. 5.
[65] Zit. nach: Gosztony, Peter. S. 150.

des Triumphzuges durch die Stadt verunglimpften die anwesenden Menschenmassen die Statue durch Fußtritte und Anspucken; beides sind Zeichen der öffentlichen Ächtung. Als letzten Akt im Rahmen des Sturzes des Budapester Stalin-Denkmals beschreibt István Tollas das Ende der Statue:

„Das Volk jubelte und steckte die Bücher [im Kopf der Stalin-Statue] in Brand. Als die Flammen aus dem Kopf züngelten, rief jemand: 'Endlich leuchtet sein Geist!' Dieser Aufruf wurde mit großem Beifall aufgenommen. Immer neue Bücher wurden um die Gestalt Stalins aufgehäuft, bis ein großes Flammenmeer sie einhüllte und die dunkle Budapester Straße weithin erhellte."[66]

Neben der Verspottung des ehemaligen Diktators durch Passanten findet sich in dieser Passage die Beschreibung einer versuchten totalen Vernichtung des Denkmals durch Verbrennen, bei der nicht nur die Statue, sondern auch die Lehre Stalins, in Form seiner Bücher, zerstört werden sollte. Von dem Monument selbst blieben nur das Podest und die bronzenen Stiefel des sowjetischen Führers stehen.[67] Aber schon Mitte November 1956 mussten die letzten Aufständischen angesichts des Einmarsches und der Überlegenheit der Roten Armee kapitulieren, der Volksaufstand war gescheitert.

III.2.2. Osteuropa 1989/90

Nach dem Zusammenbruch des sozialistischen Systems 1989/90 und dem darauf folgenden Ende des Sozialismus als vorherrschender Gesellschaftsform in ganz Osteuropa, stürzten die Denkmäler alter kommunistischer und sowjetischer Machteliten vom Baltikum bis zum Schwarzen Meer, vom Ural bis zum Balkan. Die riesige Anzahl an Denkmalstürzen in diesem Zeitraum macht es schwer, im Rahmen dieser Arbeit einen umfassenden Überblick zu gewähren. Deswegen muss an dieser Stelle eine stichprobenartige Vorgehensweise genügen, die einzelne Spezifika herausstellt.
Wie schon 1956 in Budapest entluden sich 1989 die Emotionen der Massen vor allem an den Denkmälern:

---

[66] Ebd.
[67] Siehe dazu: Abb. 6.

> „Die in die Ewigkeit lächelnden pharaonischen Monumentalstatuen [des Sozialismus wurden in] regelrechten Schauprozessen rituell profaniert, bespuckt, besprayt, gehängt, zerstückelt, begraben, exponiert als Trophäen."[68]

Die alten „Helden" der vergangenen Gesellschaftsordnung waren von einen auf den anderen Tag nicht nur überflüssig, sie wurden als Provokation empfunden und mussten dementsprechend aus dem Stadtbild weichen. Schon während der russischen Oktoberrevolution 1917 sollten die ehemaligen Eliten durch den Sturz, im Gegensatz zu 1989 durch die Kommunisten durchgeführt, als Verlierer der Geschichte denunziert und ihre vormals herausragende Stellung in der Gesellschaft durch Bloßstellung untergraben werden.[69] Ebenso wie es 1917 im Anschluss an den Sturz der alten zur Errichtung neuer Denkmäler gekommen war, wurden 1989

> „Denkmale beseitigt oder niedergerissen und auch mit der Schaffung einer neuen 'Heldengalerie' begonnen, die dem neuen Universalismus [...] gewidmet werden sollte."[70]

Dabei kreierten die Massenbewegungen aber weniger eigene neue Helden, so Unfried, sondern griffen auf alte aus vorkommunistischen Zeiten zurück.[71] Der Rückgriff auf „imaginierte 'goldene Zeiten'" der eigenen Geschichte, sollte den Grundstein für eine neue nationale

---

[68] Unfried, Berthold. S. 17.

[69] „In der russischen Oktoberrevolution wurde der Sturz von Denkmälern des *ancien régime* pädagogisiert, er erhielt einen didaktischen Sinn. Als die Monumentalstatue Alexanders III. neben der Erlöserkirche in Moskau demontiert wurde, versammelte man eben deswegen dort die an die Front abgehenden Rotarmisten, damit sie den Zarensturz *in effigie* miterleben konnten. Das Denkmal wurde langsam und demonstrativ zerlegt, damit jeder sehen konnte, dass es hohl war, ein Koloss auf tönernen Füßen und entblößt jeglicher Wirkungsmacht." [Hervorhebung im Original]. In: Ebd. S. 21f. Im Gegensatz zu 1989 vollzieht sich der hier beschriebene Denkmalsturz institutionalisiert geplant und durchgeführt. Während 1917 die Bloßstellung von „oben" gesteuert wird, übernehmen 1989 diese Aufgabe die Menschenmassen von „unten" durch das Bespucken, Hängen, Zerstören et cetera der Statuen.

[70] Sinkó, Katalin. S. 76.

[71] Vgl. Unfried, Berthold. Einleitung. S. 13.

Existenz liefern.[72] So fanden sich bei den Demonstrationen in der Tschechoslowakei zahlreiche Bildnisse von Tomáš Masaryk, dem Staatsgründer und ersten Präsidenten der Nation und auch Václav Klaus, einer der wichtigsten tschechoslowakischen Politiker der nachsowjetischen Zeit, setzte seine Politik in eine historische Tradition mit Politikern aus der Gründungszeit der Nation.[73] Dieses Zurückbesinnen auf eine ältere Vergangenheit, sozusagen die Vergangenheit vor der Vergangenheit, zeigt zum einen, dass ein deutliches Abgrenzungsbedürfnis gegenüber der jüngeren nationalen Geschichte, die als Fremdherrschaft empfunden wurde, bestand und zum anderen, dass die neue kollektive Identität nicht durch die gemeinsame Überwindung des Sozialismus, sondern durch alte, als „unbefleckt“ empfundene Perioden der Geschichte definiert wurde.[74] Während die Oktoberrevolution 1917 und die in dieser Zeit produzierten Bilder und Denkmäler auf die Zukunft ausgerichtet waren, sind die „neuen“ Helden gleichzeitig auch die „alten“, das heißt, die bildliche Veränderung nach dem Ende der Sowjetunion ist revisionistisch.

Ähnlich der schon von Klaus Herding für die Französische Revolution erstellten Typologie der Arten des Denkmalsturzes[75] lässt sich auch für diese Epoche ein solches Schema erstellen. So wurde das bereits im vorhergehenden Kapitel beschriebene „Sowjetische Mahnmal am Gellért-Berg“ in Budapest nicht zerstört, sondern umgearbeitet, umgewidmet und umbenannt. Zugute kam der Figurengruppe, dass sie schon seit ihrer Errichtung nicht nur als sowjetisches Denkmal, sondern ebenfalls auch als Mahnmal für die Opfer, die zur Befreiung Ungarns vom Faschismus und Nationalsozialismus gebracht werden mussten, angesehen wurde. Schon in der Zeit des Sozialismus wurde es als Budapester „Freiheitsstatue“ bezeichnet.[76] Die Grundlage für den Fortbestand des Monuments war daher gegeben, eine De- und Rekontextualisierung des Bauwerks war kein größeres Problem. Alle symbolischen Elemente, die an die Sowjetunion erinnerten, wurden entfernt und die Hauptfigur, das Genius der Freiheit, für mehrere Tage

---

[72] Unfried, Berthold. S. 24.
[73] Unfried, Berthold. Einleitung. S. 9.
[74] Ebd.
[75] Siehe Kap. II.1.1. dieser Arbeit.
[76] Vgl. Pribersky, Andreas. S. 197.

verhüllt.[77] Mit der Enthüllung wurde so aus einem sowjetischen Mahnmal, welches vor allem der sowjetischen Opfer bei der Befreiung Ungarns gedachte, eine Freiheitsstatue, die an alle Opfer des ungarischen Unabhängigkeits- und Freiheitskampfes in der Geschichte erinnerte.[78]

Zahlreiche andere Denkmäler dagegen wurden entweder im Zuge von Massendemonstrationen direkt oder auf Forderung der Bevölkerung gestürzt. Das Lenin-Monument in der rumänischen Hauptstadt Bukarest wurde nach Aufforderung „erregter Menschengruppen", die den Sturz proklamierten, durch die neuen Machthaber „unter den Augen und dem Beifall der Menge [...] vom Sockel" gehoben und anschließend in einer Holzkiste in einem Lagerraum des rumänischen Künstlerverbandes eingelagert.[79] In Warschau beugten sich die Behörden dem öffentlichen Druck der Bevölkerung und Medien und stürzten am 17. November 1989 das Denkmal Felix Dscherschinskis, der auch als „blutiger Felix" bezeichnete Gründer des sowjetischen Geheimdienstes KGB:[80] Unter

„dem Applaus zahlreicher Warschauer [erhob sich] das Denkmal von Felix, das Seil fest um die Arme gebunden. Vorher hatten die Zuschauer von den Arbeitern gefordert: 'Packt ihn am Hals! Packt ihn!' Die nach einer symbolischen Erhängung des ersten sowjetischen Polizisten Durstenden erlebten jedoch eine Enttäuschung, denn die mit Messing überzogene Betonstatue zerfiel. Das mit zahlreichen Parolen bedeckte Denkmal – am deutlichsten waren die Worte 'Go away!' und ein Totenschädel zu erkennen – zerbarst unter den Presslufthämmern, und

---

[77] Siehe dazu: Abb. 7. Die Verhüllung fand am ersten Jahrestag des sowjetischen Truppenabzugs aus Ungarn statt. Dieses symbolische Datum „repräsentierte so nicht mehr nur den Beginn, sondern zugleich auch das Ende ihrer mehr als 40-jährigen Präsenz in Ungarn." In: Ebd. S. 198.

[78] Vgl. ebd.

[79] Razlogov, Kirill; Vasilieva, Anna. „Damnatio memoriae". Neue Namen – neue Denkmäler in Rußland (1917-1991). In: Bildersturm in Osteuropa. Die Denkmäler der osteuropäischen Ära im Umbruch. Herausgegeben vom Nationalkomitee der Bundesrepublik Deutschland. München 1994. S. 35. Siehe dazu auch: Abb. 8-10.: In Anwesenheit einer großen Anzahl an Menschen wird die Lenin-Statue mithilfe mehrerer Autokräne und Stahlseilen, die um den Hals des bronzenen Lenins geschlungen sind, von ihrem Sockel gehoben.

[80] Siehe dazu: Abb. 11.

die Warschauer sammelten einige Tage lang die mehr oder weniger großen Steinbrocken als Erinnerungsstücke."[81]

Neben dem Aspekt, dass es in der Vorstellung der Anwesenden möglich war, ein Denkmal wie einen Menschen zu hängen, fällt an dieser Passage primär auf, dass sich die Menschen kleine Steinbrocken von der Statue mit nach Hause nahmen und als private Erinnerungsstücke an den Sturz aufbewahrten. So wurde aus einem negativ konnotierten Bauwerk ein neues, privates kleines Heim-Denkmal, das auf der Vitrine liegend an die Ereignisse dieser Zeit erinnern kann. Dieses Mit-nach-Hause-nehmen des Sturzes war ebenfalls an der Berliner Mauer zu sehen. Selbst unter Menschen, die bei der Öffnung der Grenze gar nicht vor Ort waren, galten die Steinbrocken als Souvenir schlechthin. Es finden sich in dieser Zeit in Osteuropa zahlreiche unterschiedliche Formen des Denkmalsturzes. Neben der Umbenennung und Umwidmung (Freiheitsstatue am Gellért-Berg in Budapest), wurden die Monumente demontiert (Lenin-Denkmal in Bukarest), enthauptet und erhängt (Felix Dscherschinski in Warschau) sowie vollständig vernichtet (ebenfalls Felix Dscherschinski in Warschau). Das Besondere an den Ereignissen war, dass die Bevölkerung die treibende Kraft hinter den Stürzen war. Die Menschenmassen forderten und bekamen ihre Zerstörung, teils mussten sie selbst zum Werkzeug greifen, teils blieb den neuen Regierungen nichts anderes übrig, als unter dem Beifall der Menge die Demontage durchführen zu lassen. Im Vergleich zu 1917, als der Denkmalsturz in der Sowjetunion zu didaktischen Zwecken eingesetzt wurde, findet sich hier das Verlangen der Menschen quer durch mehrere Staaten hindurch, die Bildnisse der alten Zeit loszuwerden.

III.3. Sturz sozialistischer Denkmäler in der DDR

III.3.1. Das Ausbleiben der spontanen Denkmalstürze

Der gesellschaftliche Wandel in den „Ostblockstaaten" wurde begleitet durch zahlreiche Denkmalstürze, die den Umbruch und das Ende

[81] Korejwo, Jerzy. Dscherschinski in Stücke gehauen. In: Götz Aly u.a. (Hrsg.). Demontage… revolutionärer oder restaurativer Bildersturm? Texte & Bilder. Berlin 1992. S. 151f.

des kommunistischen Systems in dem jeweiligen Land auf symbolischer Ebene zum Ausdruck brachten. Die als bedrückend empfundenen Symbole der kommunistischen Herrschaft in der Öffentlichkeit wurden von den demonstrierenden Menschen gestürzt, abmontiert, gesprengt und beseitigt. Erstaunlicherweise geschah dies in der DDR jedoch nicht. Die Bürger gingen auf die Straßen und demonstrierten, ließen die Denkmäler der SED-Regierung jedoch unbehelligt und unbeachtet stehen: „Während des Zusammenbruchs der DDR blieben in Ostberlin die sonst für revolutionäre Phasen typischen Bilderstürme und Denkmalstürze aus.“[82] Stattdessen konzentrierte sich die Demokratiebewegung auf die „verbotenen Zonen“ des alten Staatsapparats, „die Zentralen des Ministeriums für Staatssicherheit [wurden] belagert und die Sicherung und Herausgabe der Akten der Geheimpolizei gefordert“[83] sowie „die Konstituierung und Rückgewinnung des öffentlichen Raumes – der Stadt, der Medien, der Politik“[84] angestrebt. Das abweichende Verhalten der DDR-Bürger in Bezug auf die Denkmäler im Vergleich zu den Bürgern anderer osteuropäischer Staaten kann nur spekulativ beantwortet werden. So sieht Lena Schulz zur Wiesch die Mentalität als eine mögliche Erklärung. Schon Lenin hätte den Deutschen bescheinigt, dass sie „vor der Revolution eine Bahnsteigkarte ziehen“ würden und der Denkmalsturz deswegen nicht in einem affektiven Akt, sondern geordnet und institutionalisiert auf dem administrativen Weg erfolge.[85] In der Tat ist es auffällig, dass es in Deutschland sowohl nach dem Ersten Weltkrieg als auch während der Zeit des Nationalsozialismus und des Kriegsendes keine spontanen Denkmalstürze gab. Die Mentalität jedoch als alleinigen Grund für die ausgebliebenen Bilderstürme zum Ende der DDR anzusehen, wäre zu einfach, da es die historischen Hintergründe außer Acht lassen und zwei historische Ereignisse, das Ende des Nationalsozialismus und das

---

[82] Schulz zur Wiesch, Lena. Zum Umgang mit den baulich-symbolischen Relikten der DDR in Ostberlin. In: Rudolf Jaworski, Peter Stachel (Hrsg.). Die Besetzung des öffentlichen Raumes. Politische Plätze, Denkmäler und Straßennamen im europäischen Vergleich. Berlin 2007. S. 231.

[83] Flierl, Thomas. Der „Fall“ der Denkmäler. Konkurrierende Konzepte symbolischer Geschichtspolitik in Berlin seit 1989/90. In: Heiner Must (Hrsg.). Bildersturm. Heidelberg 2006. S. 63.

[84] Schulz zur Wiesch, Lena. S. 235.

[85] Ebd.

Ende der DDR, miteinander vergleichen würde, die nicht zu vergleichen sind.
Eine wesentlich größere Plausibilität besitzt Thomas Flierls These, dass der Fall der Berliner Mauer sämtliche Energie auf sich zog und somit die übrigen Denkmäler vorerst verschont geblieben seien:

> „Es schien so, als ob *nur* der permanente und vollständige Mauerabbruch die Unumkehrbarkeit des historischen Prozesses verbürgen konnte. In kurzer Zeit hätten die Menschen in Ost und West ihre unterdrückten und verdrängten Wünsche auf die Mauer projiziert und zugleich mit dem sichtbaren Mauerabbruch bearbeiten können.“[86]

Die Berliner Mauer, von den Menschen als ein Zeichen der Unterdrückung und Einsperrung durch das SED-Regime verstanden, wurde erst durch den Akt des Abreißens zu einem Denkmal. Die Zerstörung ließ das Bauwerk zu einem „ungewollten“[87] Denkmal werden:

> „Wir haben also zunächst den interessanten Vorgang, dass die Mauer erst mit ihrer Überwindung und ihrem Abriss, mit ihrem Verschwinden als Denkmal wahrgenommen und begriffen wurde.“[88]

Durch die emotionale Entladung an der Berliner Mauer hätten die intendiert gebauten Denkmäler der DDR in ihrem Schatten die revolutionäre Phase überstanden, das alte Regime und seine Ideologie mit der Zeit ihren Schrecken verloren und somit auch die Notwendigkeit des Denkmalsturzes.[89] Da sich diese Arbeit aufgrund der Masse an „ungewollten“ Denkmälern, schließlich kann dies ein jedes Bauwerk

---

[86] Flierl, Thomas. S. 64 (Eigene Hervorhebung durch Kursivierung.).
[87] Alois Riegl, der 1903 mit seinem bis heute gültigen Werk „Der moderne Denkmalkultus“ den Grundstein für eine wissenschaftliche Auseinandersetzung mit dem Denkmalsbegriff legte, unterschied zwischen „gewolltem“ und „ungewolltem“ Denkmal. Während das „gewollte“ Denkmal den Anspruch hat „von Anbeginn [an], das heißt von der Errichtung des Denkmals gesetzten Zweck, einen Moment gewissermaßen niemals zur Vergangenheit werden zu lassen, im Bewußtsein der Nachlebenden stets gegenwärtig und lebendig zu erhalten“, ist der Wert des „ungewollten“ „ausschließlich auf dem Vergehen begründet“. In: Riegl, Alois. S. 38f.
[88] Flierl, Thomas. 64.
[89] Schulz zu Wiesch, Lena. S. 236.

werden, jedoch nur mit „gewollten“ Denkmälern beschäftigt, sei die Berliner Mauer hier nur am Rande erwähnt.[90]
Eine dritte These zum Überleben der DDR-Denkmäler fasst wiederum Lena Schulz zur Wiesch zusammen, wenn sie anführt, dass „die Bevölkerung schlicht zu beschäftigt war [...], endlich den Westen zu besuchen und dadurch von den symbolischen Fragen abgelenkt“[91] gewesen sei. Durch die nahe Grenze zum Westen stand diese Möglichkeit den DDR-Bürgern im Gegensatz zu den Bewohnern der anderen osteuropäischen Staaten zur Verfügung. Der Reiz des Unbekannten und Neuen sorgte sicherlich dafür, dass der Umsturz nicht so impulsiv und affektiv verlief wie in anderen Ländern.
Der Hauptgrund für das Ausbleiben der Denkmalstürze in der DDR lässt sich nur schwer ermitteln. Wahrscheinlich ist es, dass die Sondersituation der DDR mit der westdeutschen Enklave Berlin in ihrem Herzen und der Berliner Mauer verantwortlich für den differenten Umgang mit den realsozialistischen Denkmälern war. In der Ersatzhandlung des Abreißens der gehassten Mauer in Berlin entluden sich die aufgestaute Wut und der Frust. Nach der ersten Welle der emotionalen Entladung lenkten die neuen Möglichkeiten und Eindrücke des Westens die Aufmerksamkeit der Menschen weg von den Denkmälern. In den Ländern östlich der DDR gab es kein vergleichbares singuläres Symbol der Unterdrückung und Abgrenzung wie die Berliner Mauer, so dass sich der Zorn der Bürger gegen die Staatssymbole, in Form von zum Beispiel Denkmälern, richtete. Ebenso war der Alltag des Westens allein geographisch gesehen viel weiter weg als von der DDR aus. Die Rolle der Mentalität beim Umgang mit den staatlichen Symbolen sollte dagegen nicht überbewertet werden, da sie nur schwer erfassbar und daher als Erklärung wenig brauchbar ist.
Durch den gesellschaftlichen Umbruch und dem damit verbundenen Wandel der Werte kam es zu einer Neubewertung von Kunstgegenständen im öffentlichen Raum:

[90] Weitere prominente Beispiele für diese sogenannten „unintendierten“ Denkmäler sind der Berliner „Palast der Republik“ oder die „Bastille“ zur Zeit der Französischen Revolution.
[91] Schulz zur Wiesch, Lena. S. 236.

„Der Blick auf viele Objekte [Anm. d. Verfassers: gemeint sind die Denkmäler] offenbarte plötzlich eine evidente Differenz zwischen den von Auftraggebern und Künstlern intendierten Bedeutungen, den tradierten Gehalten und den aktuell, unter so rasant geänderten Bedingungen wahrgenommenen. Vielfach wuchsen den Gegenständen neue, gegen die Intention ihrer Künstler und Auftraggeber gerichtete Bedeutungen zu. Dabei mag der Gegenstand und sein Umfeld äußerlich völlig unverändert sein.“[92]

Denkmäler, die an einem Tag noch für den gesellschaftlichen Fortschritt standen, waren am nächsten Tag nur noch überwundene Zeichen eines verblichenen Systems. Da sie trotz allem in der DDR einfach stehenblieben,[93] stellten sie die nachfolgenden regierenden Entscheidungsträger „vor [die] schwierige Aufgabe, wie mit den vielen symbolischen Relikten des DDR-Regimes umgegangen werden sollte“[94]:

„Während die Denkmalvernichtungen früherer Zeiten sich zumeist direkt und unmittelbar im Zuge revolutionärer Umstürze ereignete, so wurde die Demontage der Denkmäler der DDR vielmehr von den Behörden des Nachfolgestaates geregelt, determiniert und bürokratisch dirigiert.“[95]

Die ausgebliebenen Denkmalstürze führten dazu, dass es zu zahlreichen Kontroversen um die verschonten „Altlasten“ kam; wird gesellschaftlicher Wandel, bildhaft dargestellt durch den Wandel von Symbolen in der Öffentlichkeit, doch auch immer von Teilen der Gesellschaft als Bedrohung empfunden.[96] Was für die eine Seite als selbst-

---

[92] Flierl, Thomas. S. 61.

[93] „Politische Denkmäler provozieren latent zu Über-Identifikation beziehungsweise Über-Distanzierung. Umso bemerkenswerter bleibt eben jene eigentümliche Zurückhaltung der Ostdeutschen gegenüber den politischen Denkmälern aus DDR-Zeiten.“ In: Flierl, Thomas. S. 66.

[94] Schulz zu Wiesch, Lena. S. 231f.

[95] Trimborn, Jürgen. Denkmale als Inszenierungen im öffentlichen Raum. Ein Blick auf die gegenwärtige Denkmalproblematik in der Bundesrepublik Deutschland aus denkmalpflegerischer und medienwissenschaftlicher Sicht. Köln 1997. S. 305.

[96] Vgl. Schulz zur Wiesch, Lena. S. 234.

verständlich und legitim erscheint,[97] nämlich der Abriss der Denkmäler eines alten Systems, gerät für die Gegenseite zu einer „'Abrechnung' [der vermeintlichen 'Sieger[…] der Geschichte'] mit der Vergangenheit und deren in den Stadtbildern manifest gewordenen Geschichtszeugnissen."[98] Kritisiert wurde vor allem beim nachträglichen Sturz auf dem institutionalisierten Weg, dass sich der

„Volkszorn der Revolution von 1989 […] ganz eindeutig nicht gegen die jetzt kritisierten und unbequem gewordenen Staatsdenkmale [gerichtet habe], sondern

---

[97] „Jede Gesellschaft hat das Recht, ihre eigenen Vorstellungen von Geschichte zur Geltung zu bringen. Die Nichtübernahme von politischen Denkmälern ist legitim und bedeutet weder ein Einebnen von Geschichte noch die Verweigerung einer kritischen Auseinandersetzung mit ihr […] Wenn ein Herrschaftssystem verfällt oder gestürzt wird, verlieren die von ihm geschaffenen Denkmäler soweit sie der Legitimation und Festigung des Herrschaftssystems dienten, grundsätzlich ihre Existenzberechtigung […] Wenn politische Denkmäler die Umbruchphase zwischen zwei politischen Systemen überstanden haben, wenn sie nicht zum Gegenstand 'revolutionären Volkszorns' oder des spontanen 'Bildersturms' geworden sind, gelten für die Diskussion und Entscheidung über ihre Weiterexistenz die üblichen Verfahrensregeln der neuen Ordnung. Denkmäler, die ausschließlich der Selbstdarstellung und ideologischen Überhöhung der kommunistischen Diktatur bzw. der Verherrlichung ihrer Machthaber und Funktionsträger dienen, haben keinen Platz mehr. Sie stellen darüber hinaus eine Provokation für die Opfer des SED-Regimes dar". In: Bericht der Kommission zum Umgang mit den politischen Denkmälern der Nachkriegszeit im ehemaligen Ost-Berlin des Berliner Abgeordnetenhauses. Zit. nach: Trimborn, Jürgen. S. 307.

[98] Ebd. S. 306. Der russische Journalist Wladimir Miljutenko klagte ebenfalls über das Phänomen der Abrechnung der „Sieger" mit den „Verlierern" und ihren Symbolen in der ehemaligen Sowjetunion: „In vielen Ländern stehen Denkmäler verschiedener politischer Regime und Perioden friedlich nebeneinander. […] Es ist einfach, sich von seiner Vergangenheit loszusagen, sie anzuprangern; aber der Mensch stammt nicht von der Eidechse ab, die, wenn sie Angst hat, wegläuft und ihren Schwanz verliert. […] Das Prinzip 'Wer nicht mit uns ist, ist gegen uns' wurde von unserem Radikalismus hervorgebracht. Es ist ein Erzeugnis des Schwarz-Weiß-Denkens ohne Zwischentöne. […] Jedes Denkmal kann man aber sowohl als Heiligtum als auch zur Mahnung nutzen. Offensichtlich liegt es uns aber im Blut, den Sieg einer Idee mit Brechstange und Dynamit durchzusetzen." In: Miljutenko, Wladimir. Wir dürfen nicht geschichtslos werden. In: Götz Aly u.a. (Hrsg.). Demontage… revolutionärer oder restaurativer Bildersturm? Texte & Bilder. Berlin 1992. S. 24f.

[…] in erster Linie gegen die Berliner Mauer, gegen *das* Symbol der deutschen Teilung."[99]

Der nachträgliche Sturz durch die politischen Institutionen des Nachfolgestaates, so Jürgen Trimborn, hätte eine völlig neue Qualität im Vergleich zu den anderen Bilderstürmen der Geschichte.[100] Trimborn hat jedoch nur insoweit Recht, als der „revolutionäre Charakter eines spontanen Denkmalsturzes als Zeichen des Widerstandswillens gegen das bekämpfte politische System […] völlig verloren" geht zugunsten einer Abrechung der „Sieger" mit den „Verlierern" der Geschichte: Der nachträgliche Akt ist als nichts anderes zu sehen als eine ideologische Bewertung und Interpretation von Geschichte aus westlicher Sicht.[101] Jedoch unterscheidet sich das „Schleifen" und die damit verbundene Inszenierung „von oben" der DDR-Denkmäler qualitativ nicht von zahlreichen anderen Beispielen des 20. Jahrhunderts und stellt somit kein historisches Novum dar. So beschloss zum Beispiel 1951 das Landesamt für Volkskunde und Denkmalpflege Sachsen, das auf dem Meißener Domplatz stehende Denkmal, welches den ehemaligen kaiserlichen Marschall Albrecht den Beherzten (1464-1500) darstellte, abzureißen. Als Verbildlichung eines vergangenen Gesellschaftssystems fiel die 1876 enthüllte Statue offiziell einer Buntmetallsammelaktion „künstlerisch wertlose[r] Dinge" zum Opfer. Als Hauptgrund sind wohl eher ideologische Motive zu sehen,[102] auf die die Aussage eines sächsischen Landtagsabgeordneten verweist: Es „'wäre an der Zeit, dass der alte Opa von seinem Postament steigen würde'. Wenn es nach ihm ginge, hätte man schon längst einen Traktor hingestellt."[103]

---

[99] Trimborn, Jürgen. S. 308 (Hervorhebung im Original).
[100] Ebd. S. 306.
[101] Ebd.
[102] Naumann, Günter. Der Denkmalsturz zu Meißen. In: *Sächsische Heimatblätter*. Zeitschrift für sächsische Geschichte, Denkmalpflege, Natur und Umwelt. 52,2 (2006). S. 172.
[103] Zit. nach: Ebd. S. 170.

III.3.2. Sturz des Lenin-Denkmals in Berlin-Friedrichshain

Ein in den Medien stark rezipiertes Beispiels eines nachträglich, auf dem institutionalisierten Weg gestürzten Denkmals, ist das Lenin-Monument in Berlin-Friedrichshain. Dessen Sturz und seine die dazu nötigen Vorbereitungen lösten eine bundesweit beachtete Kontroverse aus.

> „Lourdes ist in diesen letzten 24 Stunden mitten in Berlin: Fürbitten und Votivtafeln hängen am Zaun der Andachtsstätte, erloschene Kerzen, Blumengebinde. So wurden in den vergangenen Jahren ermordete Bürgerrechtler geehrt von Warschau bis Moskau. Märtyrer des Widerstands. Doch hier, in Berlin, blüht der Kult mit verdrehten Vorzeichen. Denn hinter dem Zaun steht Lenin im Regen, sechs Stockwerke hoch, eingegittert bis zum Kinn, die Hand ans Revers gestemmt, den Blick herrisch über die Wohnsilos schweifend. ‘Lenin bleibt bei uns’, steht am Zaun. Ein Monument der alten Diktatur wird geschützt.“[104]

Diese im *Spiegel* beschriebene Szene, die an Trauerstätten großer menschlicher Tragödien erinnert, steht exemplarisch für diese emotionale Kontroverse um das 1970 zu Ehren von Lenins 100. Geburtstag errichtete Monumental-Denkmal im Berliner Bezirk Friedrichshain.[105] Dabei bewegte sich die Debatte

> „zwischen den Polen der prinzipiellen Bewahrung historischer Zeugnisse einerseits und der Beseitigung des ästhetisch Unsäglichen oder politisch Nichttolerierbaren andererseits“,[106]

nicht zu vergessen sind die Stimmen derjenigen ehemaligen DDR-Bürger, die sich immer noch mit dem Denkmal und dem damit verbundenen System identifizierten und sich nun benachteiligt sahen. Vielfach wurde kritisiert, dass der Einigungsprozess asymmetrisch verlaufe und der Blick nur auf den Osten Berlins und seine öffentliche Symbolik gerichtet werde, obwohl sich der Kontext für ganz Berlin

---

[104] Matussek, Matthias. Lenins Stirn, fünfter Stock. *Der Spiegel* vom 11.11.1991. S. 341.

[105] Siehe Abb. 12.

[106] Speitkamp, Winfried. Denkmalsturz und Symbolkonflikt in der modernen Gesellschaft. Eine Einleitung. In: Ders. (Hrsg.). Denkmalsturz. Zur Konfliktgeschichte politischer Symbolik. Göttingen 1997. S. 5f.

verändert hätte und deshalb eine Veränderung auch im Westen nötig sei.[107]
Das als Freundschaftsgeste gegenüber der Sowjetunion gedachte, 19 Meter hohe Bauwerk des sowjetischen Bildhauers Nicolai Tomski beherrschte lange Zeit den Blick auf den Leninplatz und die ihn umgebenden Hochhäuser, in denen vor allem parteitreue DDR-Bürger wohnten.[108] Erst im September 1991, fast ein Jahr nach der Wiedervereinigung und zwei Jahre nach dem Fall der Mauer, beschloss der Berliner Senat, das Denkmal abzubauen. Davor blieb das Monument von der Politik unbeachtet, was vor allem auf seine dezentrale Lage zurückzuführen ist. Den Gesinnungswechsel führt Schulz zur Wiesch zurück auf den Beschluss, Berlin zur neuen deutschen Hauptstadt zu ernennen sowie das gleichzeitige Ende der Sowjetunion. Infolgedessen kam es in allen anderen osteuropäischen Staaten, die zuvor unter dem Einfluss der Sowjetunion standen, zum Sturz der Denkmäler des alten Systems, vor allem an den Lenin-Monumenten ließen die Massen ihren Emotionen freien Lauf. Westliche Entscheidungsträger in Berlin protestierten, dass Deutschland dann als letzter Staat ein Lenin-Denkmal in seiner Hauptstadt auf der Denkmalliste stehen habe. Deswegen, so Schulz zur Wiesch, sei der Zeitpunkt der Entscheidung für einen Abriss sehr genau gewählt gewesen, „um dem alten Regime symbolisch den Todesstoß zu versetzen“[109] und die eigene Hauptstadtfähigkeit unter Beweis zu stellen.[110]
Die Entscheidung zugunsten des Abrisses wurde vor allem von der CDU-Fraktion des Berliner Senates vorangetrieben, die trotz aller Bedenken der anderen Parteien, aber auch zahlreicher Künstler und Bürger aus Ost- und Westberlin, versuchte, den Beschluss so schnell wie möglich zu fassen. Der Ruf nach einer Expertenkommission, die die einzelnen politischen Denkmäler auf ihren Erhaltenswert überprüfen

---

[107] Flierl, Thomas. S. 61f.
[108] Vgl. Schulz zur Wiesch, Lena. S. 236.
[109] Schulz zur Wiesch, Lena. S. 238. Dem Denkmalsturz folgte die ebenso symbolische Umbenennung des Platzes in „Platz der Vereinten Nationen“.
[110] Zu Einzelheiten des Ablaufs der Entscheidungsfindung, der Diskussion und zum Abriss des Denkmals, siehe: Elfert, Eberhart. Die politischen Denkmäler der DDR im ehemaligen Ost-Berlin und unser Lenin. In: Götz Aly u.a. (Hrsg.). Demontage… revolutionärer oder restaurativer Bildersturm? Texte & Bilder. Berlin 1992. S. 53-57.

sollte, wurde von den Abriss-Befürwortern mit dem Argument beiseite gefegt, dass „Revolutionen [...] nicht auf Fachkommissionen [warten] und [...] sich nicht nach deren Urteilen“[111] richten. Deutlich wird hier die Auffassung, dass sich die institutionell organisierten Befürworter – schließlich kamen sie zu einem Großteil aus den Reihen der demokratisch gewählten Vertreter des Berliner Senats – in der Tradition der Revolution wähnten und diese, obwohl die neuen Machtverhältnisse zu dem Zeitpunkt schon gefestigt waren, als noch nicht beendet ansahen, da das gesamte Revolutionsrepertoire, in diesem Fall die Denkmalstürze, noch nicht zum Einsatz gekommen sei. So zitierte das *Spandauer Volksblatt* den Berliner Senator für Stadtentwicklung, Volker Hassemer (CDU), dass es zwar keine spontanen Aktionen gegeben habe, dies aber nicht als Indiz dafür gesehen werden dürfte, dass der Volkszorn nicht existiere.[112] Interessanterweise waren es in diesem Fall konservative Kreise, die den Zorn der Straße heraufbeschworen und versuchten, das Rad der Revolution weiterzudrehen. Demgegenüber stand die Meinung, dass es nicht legitim sei, etwas im Nachhinein im Namen der Revolution abzureißen, das den gesellschaftlichen Umbruch überstanden hätte:

> „Denkmale werden in den Augenblicken der Gefühlsaufwallung gestürzt, wenn empörte Menschen sich die Freiheit nehmen, die geltenden Bestimmungen zu miß-achten, die Bannmeile zu verletzen, den verbotenen Rasen zu betreten, die Staatsmacht ihrer Insignien zu entreißen. Der Sturz der Denkmale ist in dieser Stimmung ein kulminierender Akt von unmißverständlicher Bedeutung: eine Art symbolischer Voodoo-Mord an den Machthabern, die sich diese überlebensgroßen Bilder selbst gesetzt haben. [...] Die Revolution in der DDR ist friedlich verlaufen. [...] Es geht nicht an, nun durch einen kalkulierten Verwaltungsakt nachzuholen, was dem Volkszorn zugestanden hätte.“[113]

In der Kontroverse um das Lenin-Denkmal in Berlin-Friedrichshain kamen nach Schulz zur Wiesch fünf verschiedenen Deutungsweisen des Monuments zum Vorschein.[114] Häufig koexistierten bei einzelnen

[111] Zit. nach: Schulz zur Wiesch. S. 241.
[112] Zit. nach: Ebd.
[113] Zimmer, Dieter E. Was tun mit Lenin? In: *Die Zeit* vom 18.10.1991. S.102.
[114] Die Einteilung in fünf verschiedene Deutungsgruppen nahm Lena Schulz zur Wiesch bei der Analyse von Zeitungsartikeln aus Ost- und Westberliner sowie

Teilnehmern der Diskussion Bedeutungszuschreibungen, die die Vielzahl der möglichen Stellungen zum Erhalt beziehungsweise zum Abriss des Denkmals deutlich machen. Die Analyse der Kontroverse ermöglicht es vor allem, einen Eindruck zu bekommen, wie different ein Bauwerk aus unterschiedlichen Sichtweisen mit Werten belegt sein kann. Vertreter einer ästhetischen Deutungsrichtung sahen in dem Monument ein ästhetisches Schandmal, welches aufgrund seiner geringen künstlerischen Qualität denkmalunwürdig und deshalb nicht erhaltenswert sei.[115] Zudem erinnere es – als offizielle Ehrung Lenins errichtet – an die Verbrechen in Folge seiner Lehre (geschichtskritische Deutung).[116] Die Statue könne des Weiteren, so die Befürchtung, Anlass für öffentliche und unkritische Verehrung des alten Systems geben.[117] Diese „ostalgische" Sichtweise,[118] die in dem Denkmal ein Symbol für die Vergangenheit der ehemaligen DDR-Bürger in der DDR und für die Emotionen, die sich an vergangene Funktionen des Denkmals knüpfen, sah, wurde sowohl von Befürworter als auch Gegnern des Monuments vorgebracht. Während die Einen eine andauernde Identifizierung der Menschen und eine damit verbundene Bedrohung der Gesellschaftsordnung fürchteten,[119] sahen die Anderen in dem drohenden Abriss Herrscherwillkür, bei der der

> „'Sieg des Westens' über die sozialistischen und kommunistischen Gesellschaftsformen des Ostblocks […] nachträglich als ganz konkreter 'Sieg' über die Symbole der DDR inszeniert"[120]

überregionalen Printmedien vor. Dieses Schema sei an dieser Stelle als Grundlage für die Zusammenfassung der Kontroverse um das Lenin-Denkmal benutzt. Vgl. Schulz zur Wiesch, Lena. S. 243.

[115] Vgl. dazu: Elfert, Eberhard. S. 54.

[116] Ein vehementer Vertreter dieser geschichtskritischen Deutung war der bereits zuvor zitierte Berliner Senator für Stadtentwicklung Hassemer. Dieser begründete den Abriss damit, dass das Denkmal nicht für den Sozialismus, sondern für die „Realität der Gewaltherrschaft" stehe, da Lenin für die ersten Konzentrationslager und die Gründung des berüchtigten Geheimdienstes Tscheka verantwortlich sei. Zit. nach: Ebd. S. 55.

[117] Schulz zur Wiesch, Lena. S. 243.

[118] Ebd.

[119] Ebd. S. 242.

[120] Trimborn, Jürgen. S. 306.

und die alte Identität der ehemaligen DDR-Bürger eliminiert werden sollte. So zeugen Aussagen wie „Wir ehren Lenin, um unsere Würde zu verteidigen“[121] und „Es geht gar nicht um Lenin. Es geht doch darum, daß die Wessis uns gar nichts lassen wollen“[122] von einer konkreten Angst um die eigene Identität und davor, dass mit der *damnatio memoriae* durch den Abriss auf eine Korrektur der Geschichte hingearbeitet werde. Durch die Bildzerstörung solle Gewesenes, also auch ein Teil des eigenen Lebens, geleugnet werden.[123] Neben der „ostalgischen“ tritt in diesen Aussagen noch eine instrumentell-defensive Deutung zu Tage, die das Denkmal zu einem Symbol der Verteidigung gegen die westliche „Siegerjustiz“ nach der Wende stilisierte. Wesentlich weniger emotional argumentierten Vertreter der historisch kontexttualisierenden Deutungsrichtung, die in dem Monument ein Zeugnis seiner Zeit sahen und es allein deshalb für erhaltenswert hiel-

---

[121] N.N. Lenin fällt – der Streit geht weiter. *Berliner Zeitung* vom 6.11.1991. S. 2.

[122] Matussek, Matthias. S. 342.

[123] „Die Diskussion über die DDR-Denkmäler hat auch bestätigt, daß die Menschen [...] Gegenstände von Zustimmung oder Ablehnung brauchen. Oft, fast zu oft wird davon gesprochen, daß Menschen Identität suchen und solche Identität unter anderem von Zeugnissen nationaler Geschichte abzuleiten pflegen. Und es wird auch oft gesagt, daß Denkmäler Mittel der Identitätsstiftung seien. Das traf bei der Einweihung 1970 auch auf das Lenin-Denkmal jedenfalls nach der Intention der Denkmalsetzer zu [...] Die jetzige Diskussion beweist aber, daß Menschen, um ihre persönliche Identität in der Auseinandersetzung, auch in der politischen zu entwickeln, nicht nur zielweisende Erinnerungsstücke brauchen, sondern daß sie auch Gegenstände nutzen können, die an Bedrückendes, Schlimmes oder Problematisches erinnern. Auch deshalb sollte selbst nach der Ablehnung des jetzt überwundenen Regime, das sich auf Lenin berief, das Zeugnis dieser Berufung nicht bloß in einem lehrhaften Sinne als Erinnerungsstück erhalten werden, sondern auch als Erinnerung an eine persönliche Geschichte, die man zum Teil erlitten haben mag und die jetzt auch noch persönlicher Auseinandersetzung bedarf. Insofern gehören auch Denkmäler wie das Lenin-Denkmal – so unangenehm manche Züge von ihm sein mögen – zu dem Bestand, der zu einer politischen Identitätsentwicklung oder Identitätsfindung heute noch nötig ist.“ In: Mittig, Hans-Ernst. Gegen den Abriß des Berliner Lenin-Denkmals. In: Götz Aly u.a. (Hrsg.). Demontage... revolutionärer oder restaurativer Bildersturm? Texte & Bilder. Berlin 1992. S. 42f. Siehe auch: „Das Monument ist steingewordene Lebensgeschichte, erstarrte Biographie, gehaßt vielleicht, aber auch verwachsen“. In: Matussek, Matthias. S. 342.

ten. So formulierte der Berliner Kunsthistoriker Hans-Ernst Mittig, dass die „Ablehnung des 'real' genannten Sozialismus […] zur Leerformel verblassen [wird], wenn nichts mehr von dem Abgelehnten zu sehen ist."[124] Ebenfalls historische Argumente anführend, beteiligten sich die Vertreter – vor allem in der SED-Nachfolgepartei PDS politisch beheimatet – einer affirmativen Deutung an der Kontroverse. Im Zentrum ihrer Argumentation stand die Ehrung der historischen Bedeutung Lenins als Staatsmann und Philosoph. Peter-Rudolf Zotl beispielweise, Abgeordneter der PDS im Berliner Senat, warf den Abrissbefürwortern eine „Diffamierungskampagne" gegen Lenin vor, der trotz allem eine wichtige und bedeutende Figur des theoretischen Denkens gewesen sei.[125]
Bei der Betrachtung der einzelnen Positionen im Denkmalstreit wird deutlich, mit welchen unterschiedlichen Bedeutungen ein Monument gleichzeitig semantisch aufgeladen sein kann. Für die eine Seite war der steinerne Lenin eine Bedrohung der gesellschaftlichen Ordnung, die Opposition sah in ihm ein Symbol der alten, ostdeutschen Identität, die gegen die „Siegerjustiz" des Westens gerichtet war. Zwischen diesen beiden Positionen war der Übergang der einzelnen Deutungen stark verlaufend, zum Teil fanden sich in den Argumentationen der Teilnehmer der Kontroverse mehrere Deutungsweisen gleichzeitig.
Trotz aller Proteste wurde der Abriss im September 1991 beschlossen und konnte im November gleichen Jahres beginnen, gestaltete sich jedoch als äußerst problematisch. Neben bautechnischen Verzögerungen aufgrund einer unerwartet hohen Widerstandsfähigkeit des Steinmaterials gegen sämtliche Abrissversuche – das Denkmal sollte in mehrere Einzelteile zerlegt, abtransportiert und aufbewahrt werden – erschwerten Dauerfrost, die Insolvenz der Abrissfirma sowie die große Medien- und Demonstrantenpräsenz den Vorgang. So schafften es Demonstranten zunächst ein Banner mit der Aufschrift „Keine Ge-

[124] Ebd. S. 41. Siehe auch: „Sie hätten es [Anm. d. Verf.: das Denkmal] unbedingt stehen lassen müssen, damit zumindest ein Teil der Geschichte des Leninismus nicht in Vergessenheit gerät." In: Halbach, Robert. Kommet her – und sehet… In: Götz Aly u.a. (Hrsg.). Demontage… revolutionärer oder restaurativer Bildersturm? Texte & Bilder. Berlin 1992. S. 89.
[125] Zit. nach: Schulz zur Wiesch, Lena. S. 239.

walt!"[126] an der Statue selbst und später weitere Protestplakate an dem errichteten Bauzaun zu befestigen. Neben trotzigen „Lenin bleibt!"-Aufschriften[127] fanden sich auch kritischere Aussagen wie „Hier entsorgt der Berliner Senat deutsch-deutsche Geschichte im Rahmen einer Säuberungsaktion gegen Andersdenkende."[128] Die Demonstranten wollten mit diesem Banner auf vermeintliche Parallelen zu anderen Kapiteln der deutschen Geschichte ziehen, wie der Zeit des Nationalsozialismus, aber auch der DDR, in denen freie Meinungsäußerungen, wenn sie gegen die vorgegebene Doktrin verstießen, nicht erlaubt waren und Andersdenkende mindestens im Gefängnis verschwanden. Die Proteste gegen den Abriss umfassten nahezu den gesamten Aktionskatalog an legalen und illegalen Maßnahmen, um das Denkmal nach dem Senatsbeschluss doch noch zu retten. Neben dem rechtlichen Weg[129] und friedlichen Plakataktionen kam es zu Sabotageakten an den Baugerüsten und zu tätlichen Angriffen auf die Bauarbeiter bis hin zu Morddrohungen gegen den Abrissunternehmer.[130] Ebenso gehörten Mahnwachen, wie schon zu Beginn dieses Kapitels näher beschrieben, zum Repertoire der Protestierenden.[131]

Der Abriss konnte trotz aller Widrigkeiten nur hinausgezögert, aber nicht aufgehoben werden. Zunächst trennten die Bauarbeiter den Kopf vom Rest des Denkmals ab, anschließend zerschnitten sie den restlichen Baukörper in mehr als einhundert Einzelteile.[132] Die „Enthaup-

---

[126] Siehe Abb. 13. Interessanterweise fand hier eine Parole ihre Anwendung, die sich in den Montagsdemonstrationen zum Ende der DDR gegen die SED-Machthaber wendete.

[127] Siehe Abb. 14.

[128] Siehe Abb. 15.

[129] Vgl.: Elfert, Eberhard. S. 55.

[130] Matussek, Matthias. S. 343.

[131] Die Protestierenden stellten eine äußerst heterogene Gruppe dar. Neben zahlreichen Ostberlinern, vor allem Anwohnern des Lenin-Platzes, fanden sich auch viele junge Westberliner der linken Szene am Denkmal ein. Befürworter sowie Gegner gab es in beiden Stadtteilhälften. Vgl.: Schulz zur Wiesch, Lena. S. 241.

[132] Siehe Abb. 16. Die Abbildung erweckt Erinnerungen an die deutsche Tragikomödie „Good bye, Lenin". In der Schlüsselszene des Films erfährt die glühende DDR-Anhängerin Christiane Kerner, die die Wende im Koma liegend „verpasst" hat und von ihren Kindern nach ihrem Erwachen hermetisch von den gesellschaftlichen Umbrüchen abgeschirmt wird, zufällig von dem Ende der DDR. Der Auslöser für diese Erkenntnis bei Christiane Kerner ist eine demontierte Le-

tung“ des Lenin-Monuments ist ein äußerst wirkungsmächtiges und vor allem emotional aufgeladenes Moment dieses Sturzes und findet seine Vorbilder in zahlreichen anderen Denkmalstürzen der Geschichte. Sicherlich ist die Vorgehensweise auch der Statik des Bauwerks geschuldet, jedoch kann die Symbolik des Kopf-Abtrennens nicht geleugnet werden. Die Einzelteile des Denkmals fanden ihre letzte Lagerstätte „schließlich im Köpenicker Stadtforst unter märkischem Sand vergraben.“[133]

---

nin-Statue, die, an einem Hubschrauber hängend, an ihr vorbeifliegt, den Arm wie zu einem letzten Gruß erhoben. Das Bild des Kopfes auf der Abbildung 16 erweckt Assoziationen zu genau dieser Filmstelle.

[133] Schulz zur Wiesch, Lena. S. 241.

IV. Denkmalsturz – der Angriff auf die gesellschaftliche Ordnung

IV.1. Die Macht der Bilder – Historische Vorbilder

Die Häufigkeit von Denkmalstürzen seit der Französischen Revolution ist augenscheinlich. Neben den beschriebenen Vorfällen gab es in den letzten zweihundert Jahren noch zahlreiche weitere Anlässe. Doch fällt es schwer zu glauben, dass der Akt des Denkmalsturzes ein Phänomen der Moderne sein soll, welches vom einen auf den anderen Tag von den französischen Aufständischen „erfunden" wurde. Vielmehr liegen der Vorstellung von der Wirkungsmacht dieses Vorgangs kulturelle Grundmuster und Überzeugungen zugrunde, die sich mindestens seit der Antike in politischen Kämpfen um die Macht wiederfinden. Grundlage dieser ist der Glaube an die Macht von Bildern und Bildnissen:

> „Bilder sind Mittel der Kommunikation. Künstlerische Bilder sind es in gesteigertem Maße: Sie vermitteln nicht nur Inhalte, sondern auch Werturteile und Gefühle über die Art von Darstellung und Inhalt."[134]

Nur die Überzeugung von ihrer Wirksamkeit und ihre Funktion als Medium selbst lässt sie dazu werden. Neben der materiellen, physischen Ebene – gemalt mit Öl auf Leinwand, geschnitzt aus Holz oder im Fall von Denkmälern aus Bronze oder Stein – besitzen solche Bildnisse auch eine interpretatorische Ebene, das heißt, ihre individuelle Bedeutung für den Einzelnen liegt im Auge des Betrachters.[135] Es war schon immer ein Privileg der Herrschenden, bestimmen zu können, welche Bilder im öffentlichen Raum aufgestellt und somit für jeden täglich sichtbar sein sollen, denn die

---

[134] Metzler, Dieter. Bilderstürme und Bilderfeindlichkeit in der Antike. In: Martin Warnke (Hrsg.). Bildersturm. Die Zerstörung des Kunstwerks. München 1973. S. 14.

[135] Bilder sind interpretatorisch offen. Vgl. dazu: „Im Falle der Bilder können ihre Inhalte oder die in der Form ihrer Darstellung implizierten Wertvorstellungen den Herrschenden oder den Unterdrückten nützlich sein oder auch als störend empfunden werden". In: Ebd.

„Sichtbarkeit der Bilder ist keine Tautologie, die das Wesen der Bilder ausmacht, sondern beruht auf ihrer Inszenierung. Sie bedeutet Sichtbarkeit im öffentlichen Raum, also die Ausübung des Rechts, in der Öffentlichkeit Autorität auf sich zu lenken, oder, wenn man will, die Ausübung von Macht."[136]

Durch die öffentliche bildliche Darstellung besitzt der Herrschende ein wirkungsmächtiges Instrument, die Machtordnung in einer Gesellschaft, aber auch deren Grundwerte darstellen zu können und so die eigene Herrschaft zu sichern. Da Macht- und Wertevorstellungen nur schwer greifbar sind, wurden schon immer Bilder als Stellvertreter eingesetzt: „Bilder sind von Haus aus Stellvertreter, Statthalter. In ihrer physischen Präsenz liegt die Referenz auf eine Idee oder eine Institution, die sich ihrer bediente."[137] Aufgrund ihrer Stellvertreterfunktion eignen sich Bilder hervorragend, um einen Gegner oder Feind symbolisch zu sanktionieren. Wenn auf der einen Seite Bildern die Fähigkeit zugesprochen wird, Macht bildlich darzustellen, so ist es auf der anderen Seite nur folgerichtig, dass sie gleichzeitig Ohnmacht darstellen können.[138]
Im antiken Rom kam es regelmäßig zu Schleifungen von Statuen,[139] um die „auf ein Bild projizierte gesellschaftliche Anerkennung einer Person" zu schädigen.[140] Angegriffen wurde weniger eine Idee oder

[136] Belting, Hans. Macht und Ohnmacht der Bilder. In: Must, Heiner (Hrsg.). Bildersturm. Heidelberg 2006. S. 105.
[137] Ebd. S. 104.
[138] „Macht und Ohnmacht der Bilder sind als zwei Aspekte der gleichen Polemik eng aneinander gebunden. Die beiden Begriffe wiesen auf öffentliche Rollen hin, die man mit Bildern ausgeübt und an ihnen demonstriert hat. Im Grunde läuft die Unterscheidung auf eine einfache Antithese hinaus. Bilder, die zuviel Macht über die Menschen gewonnen hatten, sollten durch ihre Beschädigung oder Verhöhnung die Anhänger, die sich davor gebeugt hatten, von ihrer Ohnmacht überzeugen […] Es gibt nicht das Eingeständnis ihrer Ohnmacht, wenn man nicht zuvor an ihre Macht geglaubt hat. Dann wollte man Macht über sie gewinnen. Aber wen traf man damit eigentlich? Sicher nicht die Bilder als solche, sondern immer nur jene, die mit ihrer Hilfe Macht ausgeübt hatten, also Macht an die Bilder delegiert hatten." In: Ebd. S. 103.
[139] Vgl. Metzler, Dieter. S. 14.
[140] Schnitzler, Norbert. Ikonoklasmus – Bildersturm. Theologischer Bilderstreit und ikonoklastisches Handeln während des 15. und 16. Jahrhunderts. München 1996. S. 96.

ein Wert als die abgebildete Person selbst, die das Bildnis als Herrschaftszeichen anfertigen ließ. Die Praxis der offiziellen Bildnisstrafe gehörte ebenso zu den Ehrenstrafen wie Grab- und Trauerverbot, Münzschmelze und Namenstilgung.[141] Dabei betraf die Bildnisstrafe nicht nur Bildnisse der zu ächtenden Person selbst, sondern auch andere von ihr aufgestellte Statuen. So ließ zum Beispiel Kaiser Caligula von seinem Vorgänger aufgestellte Bilder berühmter Römer zerstören. In anderen Fällen erfuhren die Porträts lediglich eine visuelle Änderung, indem sie umgearbeitet wurden und nun eine andere Person darstellen sollten. Zum Ziel hatte die *damnatio memoriae* – die Verdammung der Erinnerung – immer die symbolische Demütigung einer Person, im extremsten Fall sogar die totale Entfernung aus dem öffentlichen Leben. Plinius berichtete von Fällen, in denen Kopf und Gliedmaßen einer Statue gezielt abgeschlagen wurden und dies vom Volk als der Person real zugefügte Schmerzen empfunden worden wäre.[142] Dieser als reale Demütigung betrachtete Akt besaß noch weitere Parallelen zur Rechtsprechung dieser Zeit. So war es durchaus üblich, das Bildnis zuerst zu verstümmeln und es dann in einem Gewässer zu versenken:

> „Zum rituellen Repertoire der damnatio memoriae in Rom gehörte ferner die abschließende Versenkung deformierter Standbilder in den Tiber. Seit alters her stellte diese Form der Strafe den letzten Akt bei der Hinrichtung von Missetätern und Staatsfeinden dar."[143]

Oft blieben die an den Gliedmaßen oder Nasen, Ohren, Augen und Lippen verstümmelten Standbilder noch einige Zeit liegen bevor sie entfernt wurden. Neben der weiteren Diffamierung der dargestellten Person beziehungsweise des Stifters, mag damit für andere die abschreckende Funktion verbunden gewesen sein, nicht dem Weg des Betroffenen zu folgen.[144] Die Wirkmächtigkeit des Bildnissturzes

---

[141] Brückner, Wolfgang. Bildnis und Brauch. Studien zur Bildfunktion der Effigies. Berlin 1966. S. 246.

[142] Vgl. Schnitzler, Norbert. S. 96.

[143] Ebd. S. 96f.

[144] In den zeitgenössischen Vorstellungen hatte die symbolische Bestrafung nicht nur Folgen im Leben, sondern auch nach dem Tod: „Schon im alten Mesopotamien [...] werden Bilder und Namen von Privatleuten und Herrschern ausge-

zeigt sich auch darin, dass der Angriff auf Herrscherbildnisse, der die Zerstörung oder zumindest die Beschädigung dieser zum Ziel hatte, durch schwere Strafen sanktioniert war: „Bilderfrevel in politischer Absicht wurde als *crimen laesae maiestatis* angesehen.“[145]
Während in der Antike die Bildniszerstörung auf in Standbildern dargestellte Personen ein politisches und rechtliches Kampfmittel war,[146] veränderte sich diese Vorstellung im Mittelalter ein wenig, da das Bild und die Abbildungen eines Herrschers einer anderen Betrachtungsweise unterlagen:

> „Bildersturm als Form von Herrschaftskritik oder als symbolischer Protest setzt nicht nur ein spezifisches soziales Verhaltensmodell voraus, sondern auch eine Vorstellung von dem, was ein Bild zum Herrschaftszeichen, zum *imago* macht. Bildersturm als Form des politischen Widerstands ist den mittelalterlichen Zeitgenossen deswegen unvertraut, weil bildliche Repräsentationen lebender Herrscher in der Art großformatiger Plastiken erst in späterer Zeit in Gebrauch kommen. Der mittelalterliche Herrscher ist vielmehr noch seine eigene *imago*, sein eigenes Idealbild. Er ist immer zugleich er selbst und Sinnbild der königlichen Herrschaft.“[147]

Der Herrscher als menschliche Person *selbst* wurde als Bild gesehen – „weder Tier noch Mensch sondern *ymago*“[148] beschrieb eine zeitgenössische Aussage Philipp den Schönen – und benötigte daher keine öffentlichen Darstellungen in Form von Standbildern. Trotzdem war die bildhafte symbolische Bestrafung, wenn auch in anderer Art und Weise, im Mittelalter bekannt. So war der Bildnisfrevel zum Beispiel in Form von Puppenverbrennungen weit verbreitet und fand seine Anwendung nicht nur im Zusammenhang mit der Kritik an den Landesherren, sondern auch in Konflikten zwischen weltlichen Herr-

---

kratzt, teils um sich an ihnen zu rächen, teils um ihr Andenken auszulöschen und ihr Fortleben nach dem Tod damit zu beenden.“ In: Metzler, Dieter. S. 15.

[145] Ebd. S. 97 (Hervorhebung im Original).

[146] „Grundvoraussetzung jeder politisch motivierten Bildzerstörung ist die wie auch immer im Einzelfall verstandene Identität von Bild und Abgebildetem. Im Bild soll der Dargestellte getroffen werden.“ In: Metzler, Dieter. S. 18.

[147] Ebd.

[148] Zit. nach: Reinle, Adolf. Das stellvertretende Bildnis. Plastiken und Gemälde von der Antike bis ins 19. Jahrhundert. Zürich u.a. 1984. S. 67 (Hervorhebung im Original).

schern und dem Papst.[149] Auch hier nimmt die Puppe, in anderen Fällen sogar die Leiche des Betroffenen, eine Stellvertreterfunktion ein, die real existierende Person wird symbolisch sanktioniert. Ähnlich wie das Standbild im antiken Rom wurde die Puppe, beziehungsweise der Leichnam, anstatt des realen Körpers symbolisch verletzt, deformiert und bestraft und so eine ritualisierte Form von Herrschaftskritik ausgesprochen.[150] Der dafür in nachmittelalterlicher Zeit entstandene Begriff *executio in effigie* kennzeichnet jedoch ein Rechtsinstitut in Form einer Scheinhinrichtung.[151] Diese Form der Exekution wurde angewendet, wenn der zu Bestrafende nicht greifbar war und galt als ein völlig gängiger Rechtsakt. Dagegen

„handelt es sich [bei der Zerstörung von Standbildern in der Antike] um keinen Strafvollzug gegen einen Abwesenden oder Toten, sondern um eine Ehrenstrafe innerhalb des römischen Bildrechtes."[152]

Zwar wurde gegen die zu bestrafende Person auch auf bildlicher Ebene vorgegangen, aber dies bedeutete nicht die Ausführung eines offiziellen Strafvollzugs, sondern war nur ein Angriff auf das gesellschaftliche Ansehen einer Person.
Wolfgang Brückner streitet ab, in dem neuzeitlichen Angriff auf die Bildnisse einer Person das Überleben von Bildzauberinterpretationen bis in heutige Zeit sehen zu können.[153] Jedoch zeugen Aussagen wie die von István Tollas, Augenzeuge der Ereignisse in Budapest von 1956, vom Gegenteil. Durch die bildliche Festlegung – in Form von Puppen, dem Leichnam, aber auch Statuen – soll der nicht anwesende politische Feind, beziehungsweise der zu Bestrafende, trotz seiner körperlichen Abwesenheit für den Strafvollzug beziehungsweise die Bestrafung greifbar gemacht und magisch herbeigezwungen werden. Die Anwesenheit der realen Person ist gar nicht notwendig, die Ausübung der Gewalt an einem Stellvertreter wird als völlig ausreichend empfunden. Dieser Bildzauberinterpretation liegt die Vorstellung von

[149] Vgl. dazu: Schnitzler, Norbert. S. 99.
[150] Ebd.
[151] Brückner, Wolfgang. S. 188.
[152] Ebd. S. 246f.
[153] Ebd. S. 189.

der magischen Wirkungsmacht von Bildern zugrunde ohne die die Bildniszerstörung niemals eine so feste Rolle im Werkzeugkasten des Rechtswesens und der Herrscherkritik hätte werden können: „Bilder setzen immer Glauben voraus, um ihre Wirkung ausüben zu können. Wir können das auch Akzeptanz nennen."[154] Laut Brückner scheint die *executio in effigie* aus „volkstümlichen Brauchspielen" wie dem Todaustragen, Fastnachtbegraben, Judasverbrennen, Papstaustreiben, etc. entstanden zu sein und besitzt in Form der politischen Leichenschändung Parallelen zum öffentlichen Bildersturz.[155] Trotz der vermeintlichen Ähnlichkeit zwischen antiker Statuenzerstörung, mittelalterlicher Puppenverbrennung oder neuzeitlichem Standbild- und Denkmalsturz muss auf die Unterschiede verwiesen werden. Zwar liegen allen drei Formen bildmagische Vorstellungen zugrunde und es finden sich die Schändung von Herrscherleichen und der Sturz von Herrscherstatuen im Repertoire der Bestrafung von Feinden und Gegnern durch die gesamte abendländische Geschichte, doch weisen gerade die rechtlichen Bedeutungen größere Differenzen auf. In der römischen Antike handelte es sich um eine Ehrenstrafe, die *neben* der normalen Bestrafung durch zum Beispiel reale körperliche Verstümmelung in Kraft tritt und auf eine *damnatio memoriae* hinzielt. Ab dem Mittelalter weitet sich diese Vorstellung bis hin zur realen Ersatzbestrafung *in effigie* für den nicht greifbaren Feind in der Frühen Neuzeit aus.[156]

---

[154] Belting, Hans. S. 104.

[155] Brückner, Wolfgang. S. 194f.: „Die Parallelität von politischer Leichenschändung und öffentlichem Bildersturz liegt klar auf der Hand [...] Gegen unsere Deutung der bislang aufgeführten Leichenbeispiele läßt sich von Seiten der Magietheorie kaum etwas einwenden. Beim gleichen äußeren Befund aber wird sie durch ein einziges neues Moment auf den Plan gerufen: im Falle des Bildangriffs auf einen Lebenden, wobei dessen reale Existenz theoretisch durch das Bild substituiert werden könnte."

[156] Selbst im 20. Jahrhundert finden sich noch Beispiele für die *executio in effigie.* Nach dem Sturz und der Flucht ins Exil von Juan Perón in Argentinien durch den Militärdiktator Alejandro Agustin Lanusse 1971 soll sich laut eines Berichtes der *Frankfurter Allgemeinen Zeitung* folgendes zugetragen haben: „Manche erinnern sich, daß vor Jahren, als er und seine Frau Evita noch im Glanz eines Mythos strahlten, den man mit rationellen Mitteln nie ergründen wird, bei einem Marmorwerk in Carrara die überlebensgroßen Statuen des Ehepaares für den fertigzustellenden Palast der Korporation in der argentinischen Hauptstadt in Auf-

Eine andere Form der Bildniszerstörung waren die Bilderstürme im Zusammenhang mit der Reformation im 16. Jahrhundert. Der reformatorische Ikonoklasmus richtete sich nicht gegen die Darstellung bestimmter Personen, sondern gegen theologische Bilder. Ursache für diesen Vorgang war der neu aufkeimende Streit, ob die figürlichen Abbildungen von Jesus Christus und den Heiligen nicht gegen das Bildnisverbot des Alten Testaments verstoße. Zahlreiche Reformatoren, wie zum Beispiel Johannes Calvin, sahen in dem liturgischen Gebrauch von christlichen Bildwerken ein Abkommen vom rechten Wege, was zum einen durch den abergläubischen Götzendienst und zum anderen durch die bildliche Ablenkung von der Frömmigkeit deutlich werden würde.[157] Mit dieser Sicht verbunden war eine Kritik an der Kirche, die davon ausging, dass die Bilder nur dazu dienten, die Macht über die Menschen und ihren Glauben zu erhalten.[158] Die ikonoklastische Bewegung des 16. Jahrhunderts richtete sich vor allem gegen jene Bilder, welche laut eigener Ansicht, die christliche Lehre zugunsten eines Machstrebens der Kirchenoberen gefährden würde.

---

trag gegeben worden war. Wir sahen sie damals fertig, transportbereit, als die Nachricht vom Sturz des Diktators und kurz darauf ein Beauftragter der argentinischen Botschaft in Rom eintraf, um der 'Enthauptung' der beiden Figuren und der Unkenntlichmachung der beiden Figuren beizuwohnen. Seitdem standen die beiden kopflosen Torsi als raumbeengende Torsi herum." In: N.N. Die Enthaupteten. *Frankfurter Allgemeine Zeitung* vom 31.08. 1972. S. 2.

[157] So heißt es 1733 im *Großen vollständigen Universallexikon*: „Iconomachi oder Iconoclastae, auf Teutsch Bilderstürmer, sind diejenigen genennet worden, welche die Bilder Gottes und Christi und derer Heiligen aus den Kirchen hinweggeschafft, und zunichte gemachet, und davor gehalten, daß deren Gebrauch in Religions-Sachen schlechterdings zu verwerfen sey." Zit. nach: Warnke, Martin. Bilderstürme. In: Ders. (Hrsg.). Bildersturm. Die Zerstörung des Kunstwerks. München 1973. S. 12. Während diese ältere Definition den mit dem Ikonoklasmus verbundenen Wertewandel hervorhebt, legt das *Wörterbuch zur Geschichte* von 1956 den Schwerpunkt auf den destruktiven Charakter des Vorgangs: „Bildersturm, die spontane Beseitigung aller Werte (sic!) [Anmerkung durch Martin Warnke] der bildenden Kunst im Zuge der Bilderstreitigkeiten von Bilderfeinden wiederholt praktiziert." Zit. nach: Ebd.

[158] „Macht, wenn sie als Vorwurf geäußert wird, weist in der Bilderfrage auf eine Polemik hin, die man als Bilderstreit bezeichnet. Sie galt nicht in erster Linie den Bildern selbst, sondern dem theologischen oder politischen Streit zweier Parteien." In: Belting, Hans. S. 103.

Weltliche Darstellungen blieben von den Zerstörungen unbetroffen, weil sie an dem

> „Anspruch [der Reinheit der Religion] unbeteiligt waren [...] Die Kontroverse entzündete sich also [nicht] an dem Bildsein der Bilder, sondern an dem, was wir Repräsentation nennen."[159]

Gerade der Akt der Zerstörung der christlichen Bilder zeigt, dass auch die reformatorischen Gegner an die Wirkungsmacht und den mit ihnen verbundenen religiösen Kult glaubten. Andererseits hätten sie nicht so viel Energie darauf verwendet, das visuelle Auftreten der Kirche derart zu verändern.[160]

Der ikonoklastische Akt war nicht nur als eine Reinigung der Religion gedacht, sondern auch als Angriff auf das religiöse Deutungsmonopol der Kirche. Dieses drückte sich neben der Lehre auch durch die bildlichen Darstellungen von Heiligen und Christus aus. Die Reformatoren strebten eine Veränderung von beidem an. Während die Lehre jedoch nur inhaltlich abgeändert werden konnte, boten sich die figürlichen und bildlichen Visualisierungen dazu an, den Wandel auch optisch sichtbar zu machen. Der emotional aufgeladene Akt der Zerstörung übernahm dabei die Aufgabe des offiziellen, sichtbaren Bruchs mit der Kirche. So ist der Bildersturm nicht nur als optisch sichtbar gemachter gesellschaftlicher Wandel zu sehen, sondern ebenso als emotionales Ventil und offenbart somit Parallelen zu den Puppen- und Leichenschändungen des Mittelalters:

> „An Leiche und Bild werden die gleichen Schmähungen und Verletzungen bis zum gänzlichen Vernichten vollzogen. Der politischen Demonstration ist es einerlei, woran sie sich äußern kann. Sie bedarf lediglich der dinglichen Hilfsmittel. Ihre psychologische Wurzel, der Drang zu emotionaler Entladung sucht nach Ausdruckshandlungen von ostentativer Gebärde."[161]

---

[159] Ebd.

[160] „Bildzerstörung ist nur die andere Seite des Bildkults, ist Bildkult unter umgekehrten Vorzeichen oder Gewalt gegen Bilder, von denen man Gewalt erfahren hat." In: Ebd. S. 104.

[161] Brückner, Wolfgang. S. 194.

Der Glaube an die Hinrichtung *in effigie* hat sich bis in die heutige Gegenwart gehalten. So spannten die amerikanischen Soldaten und irakischen Demonstranten der Saddam-Hussein-Statue in Bagdad nach dem Einmarsch der amerikanischen Truppen 2003 vor ihrem Sturz eine Fahne vor die Augen, um ihr die „Sicht" auf das Geschehen zu nehmen – als ob nicht die Statue des Diktators hingerichtet werden würde, sondern Hussein selbst. Ebenso zeugt ein Ereignis aus dem Jahre 1938 von dem Überleben der Vorstellung. Ein Bautrupp erhielt im russischen Magnitogorsk die Aufgabe, ein Stalin-Denkmal an zentraler Stelle aufzustellen. Allerdings wurden zahlreiche Arbeiter und Ingenieure aus Furcht vor einem möglichen Fehler bei der Aufstellung krank –

„Die Arbeiter bekamen es mit der Angst zu tun: 'Lassen wir sie plötzlich fallen, so riecht das nach Solovki [Anm. d. Verf.: Straflager auf einer Insel im Weißen Meer].' Als der Bauführer Zabelin davon erfuhr, wurde er sofort krank, und der Abschnittsleiter Palagin hat sich ebenfalls ins Bett gelegt."

– oder weigerten sich die Arbeit auszuführen:

„[Der Baggerfahrer] sagte: 'Mein Aggregat hat nur sieben Tonnen Hubkraft. Wenn ich sie zerschlage, bekomme ich die höchste Strafe.' [...] Mit einem Wort, alle fürchteten sich, und die Chefs waren wie weggeblasen."

Als der Aufbau schließlich begann, kam es zu weiteren Problemen:

„Wir umwickelten sie [Anm. d. Verf.: die Stalin-Statue] mit Stricken, begannen sie zu heben, aber die Figur neigte sich und neigte sich. Wir umschnürten sie noch und noch mit Halteleinen und legten ihr einen Strick um den Hals [...] Da kommt zu mir einer mit NKWD-Kragenspiegeln gelaufen und verbietet die Aufrichtung: 'Ist Ihnen klar, was sie da tun? Sofort den Strick vom Hals!'"[162]

Deutlich wird an dieser Schilderung der Ereignisse, dass die Vorstellung von der *executio in effigie* noch sehr lebendig war. Aus Angst davor, die Statue Stalins symbolisch zu erhängen beziehungsweise sie

[162] Zit. nach: Stachau, Christiane. Peruns Sandbank. In: Götz Aly u.a. (Hrsg.). Demontage... revolutionärer oder restaurativer Bildersturm? Texte & Bilder. Berlin 1992. S. 16.

zu beschädigen und damit auch indirekt den kommunistischen Führer als Person selbst, versuchen einige der Arbeiter der Aufgabe zu entkommen.

IV.2. Die Symbolik des Denkmalsturzes

IV.2.1. Denkmal und politischer Mythos

Bildnisse und Abbildungen sowie deren Zerstörung haben schon immer, unter verschiedenen Vorzeichen, eine Bedeutung bei der Bestrafung von Personen und Gruppen beziehungsweise im Zuge von gesellschaftlichen Metamorphosen gespielt. Doch war es lange Zeit so, dass gerade Statuen als dreidimensionale Bilder weniger für eine Idee oder Ideologie standen, sondern für die dargestellte Person selbst. Erst im Zuge der Aufklärung erhielten diese Standbilder eine emotionale Aufladung mit gesellschaftlichen Werten, was dazu führte, dass diese, je nach Situation, errichtet oder gestürzt wurden.[163] Durch diese Emotionalisierung wurden die reinen personellen Darstellungen in den Statuen zu emotional aufgeladenen Denkmälern. Während die Aufgabe einer Statue die bildliche Darstellung einer Person ist, besitzt ein Denkmal neben der visuellen Dimension auch eine repräsentative, die Werte nach außen vermitteln möchte:

> „Denkmäler in diesem Sinne sind solche, die gesetzt werden, also durch Kunst (in weitem Sinne) gestaltete und auf Dauer im öffentlichen Raum errichtete Male – 'gebaute' Körper – durch die wir individuelle Momente unserer gemeinsamen Geschichte, die wir als gesellschaftsbestimmend festhalten wollen, symbolisch vergegenwärtigen."[164]

---

[163] „Im späten 18. Jahrhundert findet im Zuge der Aufklärung die Moralisierung und Patriotisierung von Denkmälern statt. Das Denkmal soll einen Verdienst ehren, und es soll zur bürgerlichen Tugend erziehen, insbesondere soll es den Patriotismus wecken und bestärken: Ein Denkmal ist 'Belohnung für Verdienste, deren Andenken auf die Nachwelt gebracht wird und die Gemühter zu gleicher Erlangung der Unsterblichkeit anfeuert.'" In: Nipperdey, Thomas. Gesellschaft, Kultur, Theorie. Gesammelte Aufsätze zur neueren Geschichte. Göttingen 1976. S. 136.

[164] Kluxen, Wolfgang. Denkmäler setzen – Identität stiften. In: Ekkehard Mai, Gisela Schmirber (Hrsg.). Denkmal – Zeichen – Monument. Skulptur und öffentlicher Raum. München 1989. S. 30.

Diesem Anspruch liegt die Vorstellung zugrunde, dass die Errichter auch in Zukunft die gleiche Rolle innerhalb der Gesellschaft spielen werden, die sie zum Zeitpunkt der Errichtung innehaben.[165] Das heißt, dass der gesellschaftliche Zustand der End- und zugleich Höhepunkt der historischen Entwicklung ist und deswegen keiner weiteren Veränderung mehr unterworfen ist. Dieser Anspruch wurde besonders deutlich in der sozialistischen Kulturpolitik, die durch künstlerische Darstellungen diesen erreichten Zustand plastisieren und visualisieren wollte. Denkmäler stellen keine „abstrakten Allgemeinheiten" dar, sondern einen „konkreten Bezug", der sich in „'individuellen' Momente[n]" der Geschichte ausdrücke, so Wolfgang Kluxen. Diese Momente können Personen, Personengruppen, Ereignisse, Taten oder personifizierte Gehalte sein.[166] Erst durch die Darstellung von etwas Konkretem wird das Abstrakte erfahr- und nachvollziehbar. Denkmäler sind daher als Symbole zu sehen, die stellvertretend für Ideen stehen. Thomas Nipperdey hat diese Tatsache sehr anschaulich in seinen Aufsätzen zur *Gesellschaft, Kultur, Theorie* gezeigt. So hätte sich im 19. Jahrhundert das Verlangen nach Nationaldenkmälern herausgebildet, um „der nationalen Identität in einem anschaulichen, bleibenden Symbol gewiss zu werden." Wichtig sei vor allem gewesen, dass die Nation als Ganzes in dem Denkmal sichtbar werde:

> „Ein Nationaldenkmal ist mehr als es selbst, was dargestellt wird, steht nicht für sich selbst, sondern vertritt, repräsentiert etwas, und zwar so, dass Repräsentierendes und Repräsentiertes nicht identisch sind. Das Denkmal verweist in seiner begrenzten Gestalt auf etwas Unbegrenztes, in seiner Individualität auf etwas Allgemeines hin. Die Idee des Denkmals vollendet sich erst in der Einstellung des Betrachters."[167]

Denkmäler als Symbole haben daher einen besonderen gesellschaftlichen Wert, der aber nur durch den Betrachter hervorgerufen wird.

[165] Der Anspruch auf Dauerhaftigkeit wird auch durch die für den Denkmalbau häufig verwendeten Materialien wie zum Beispiel Stein oder Bronze deutlich. Dies bedeutet auch, dass einem „gewollten" Denkmal im Sinne Alois Riegels immer die bewusste Absicht zugrunde liegt, ein Denkmal und nicht nur ein normales Bauwerk zu sein.

[166] Ebd. S. 30f.

[167] Nipperdey, Thomas. S. 135-139.

Denn ohne die interpretatorische Fähigkeit des Rezipienten kann dieser Mehrwert nicht entstehen:

> „Die Dinge und Zeichen haben nicht von sich selbst aus Sinn, sondern es bedarf einer Interpretationsgemeinschaft, die die Art und Weise der Verwendung des Zeichens und damit seinen Sinn festlegt.“[168]

Zwar kann bei der Errichtung eines Denkmals diesem durch die Errichter ein Interpretationsrahmen gegeben werden, jedoch liegt es in der Natur von Symbolen, dass sie semantisch offen sind und zeitlichen Interpretationsveränderungen unterliegen:

> „Der Inhalt des Symbols ist ein Nebel möglicher Interpretationen, offen für eine semiotische Verschiebung von Interpretant zu Interpretant. Das Symbol hat keinen autorisierten Interpretanten.“[169]

Es gibt keine Garantie, dass sie nicht plötzlich negativ assoziiert werden. Diese „semantische Sinnpluralität“[170] ist die Ursache dafür, dass Denkmäler, die an einem Tag noch als aktuell für die gesellschaftlichen Werte angesehen wurden, wie zum Beispiel das Lenin-Monument in Berlin-Friedrichshain, an dem darauffolgenden Tag als ablehnenswert betrachtet und entfernt werden. So ist es nicht verwunderlich, dass das

> „Denkmal als Symbol bestimmter Welt- oder Glaubensvorstellungen [...] im Falle des Untergangs eines Systems auf seinen religiösen, politischen, oder weltanschaulichen Symbolgehalt verkürzt und – in Form eines emanzipatorischen Akts – demonstrativ vom Sockel gestürzt [...] wird“.[171]

Der Akt des Denkmalsturzes bedeutet nicht nur den Sturz eines Symbols, sondern ist gleichzeitig die symbolische Abrechnung mit einem

---

[168] Speth, Rudolph. Symbol und Fiktion. In: Gerhard Göhler u.a. (Hrsg.). Institution – Macht – Repräsentation. Wofür politische Institutionen stehen und wie sie wirken. Baden-Baden 1997. S. 78.

[169] Umberto Eco, zit. nach: Schulz zur Wiesch, Lena. S. 233.

[170] Dörner, Andreas. Politischer Mythos und symbolische Politik. Opladen 1995. S. 79.

[171] Trimborn, Jürgen. S. 296.

ganzen gesellschaftlichen System beziehungsweise einer bestimmten Gruppe.[172] Denn Denkmäler sind nichts anderes als Bilder und dementsprechend „sind [sie] von Haus aus Stellvertreter, Statthalter."[173] Besonders wichtig an dieser Stellvertreterfunktion von Denkmälern ist der mit ihnen verbundene Machtanspruch. Zugrunde liegt diesem Anspruch eine Art von kulturell festgeschriebener Bildgläubigkeit und Bildnisverehrung. Diese habe ihren Ursprung im Bewusstsein des Menschen und entspringe einer Verehrung von Zeugnissen aus der Vergangenheit. Das stetige Bedürfnis nach Halt und Identifikation fand seine Erfüllung in einer Form des Ahnenkultes, welcher sich später zu einer Verehrung bedeutender Persönlichkeiten und Ereignisse entwickelt hätte. Dementsprechend seien „Denkmale [...] Fetische und Reliquien, begabt mit der magischen Kraft, zu schützen und die soziale Identität zu konstruieren",[174] so ein Erklärungsversuch für die Denkmalverehrung. Eine historisch geprägte Deutung, die auch zu Thomas Nipperdeys Ausführungen zum Nationaldenkmal passt, sieht in dem Denkmalkult eine junge Geschichtserscheinung, die ihren Ursprung im Historismus des 19. Jahrhunderts habe. Der Denkmalgedanke habe zu einer Bewusstseinsänderung geführt, die die Relikte der Vergangenheit über das bloße Bewahrt werden hinaus zur Verehrung emporheben wollte.[175] Der zweite Erklärungsversuch kann auch als eine Weiterentwicklung des ersten gesehen werden, schließlich handelt es sich bei dem neuzeitlichen Denkmalkult um nichts anderes als eine modernere, säkularisierte Variation des Reliquienkultes.[176]
Dagegen drängt der Denkmalsturz dazu, den mit dem Monument verbundenen Kult und dessen Ideale und Werte aus dem Gedächtnis zu

[172] „Denkmalstürze stellen symbolische Handlungen dar; mit dem Sturz des Denkmals wird der Sturz der Regierung, des jeweiligen politischen Systems, symbolisch vollzogen. Symbole sind codierte Zeichen; sie ergeben nur dann Sinn, wenn man diesen Code auch kennt. Symbole können Kommunikation vereinfachen." In: Menkovic, Biljana. Politische Gedenkkultur. Denkmäler – Die Visualisierung politischer Macht im öffentlichen Raum. Wien 1999. S. 15.
[173] Belting, Hans. S. 104.
[174] Bakoš, Ján. Denkmale und Ideologien. In: Wolfgang Lipp (Hrsg.). Denkmal – Werte – Gesellschaft. Zur Pluralität des Denkmalbegriffs. Frankfurt a. M., New York 1993. S. 347.
[175] Ebd.
[176] Ebd.

vertreiben.[177] So kam es in der Kontroverse um das Berliner Lenin-Monument immer wieder zu dem Vorwurf, man wolle die Geschichte der DDR durch den Abriss der Statue ungeschehen machen und sie somit aus der Erinnerung der Menschen löschen. Ein wesentliches Merkmal von Denkmälern ist es, dass sie Vergangenheit, Gegenwart und Zukunft in einen gemeinsamen Kontext setzen und durch die Konstruktion einer Traditionslinie den Ist-Zustand in der Gesellschaft legitimieren:

„In jedem Denkmal materialisiert sich die Erinnerung an ein für eine kollektive Identität konstitutives Ereignis oder eine diese Identität repräsentierende Person. Der Akt der Denkmalsetzung setzt eine vom Standpunkt der Gegenwart bestimmte Haltung der Retrospektivität voraus, durch die in der Vergangenheit verortete Sinnpotentiale als für die Geschichte verbindlich erachtet und festgeschrieben werden. Das Denkmal will so – indem es Vergangenheit, Gegenwart und Zukunft in das Verhältnis der Kontinuität setzt – die Erfahrung von Dauer erzeugen."[178]

Das Denkmal erweckt den Anschein des Schon-immer-dagewesen-Seins und überliefert Werte und Ideen bis in die Zukunft hinein:

„Das Denkmal ist für die Aufgabe der Installierung und Überlieferung eines für die Gruppe verbindlichen Selbst- und Weltbildes prädestiniert, weil es sich in der Lage erweist, dieses Weltbild aus der Vergangenheit heraus zu legitimieren, in der Gegenwart darzustellen und in die Zukunft zu überliefern."[179]

---

[177] Der Begriff „Kult" umfasst an dieser Stelle auch politische Ideologien und gesellschaftliche Systementwürfe.

[178] Schmoll, Friedemann. S. 41f.

[179] Ebd. S. 42. Der Traditionsbegriff ist ein häufig bemühter Begriff, der im Laufe des letzten Jahrhunderts zahlreichen Definitionsversuchen unterlag. Aleida Assmann sieht darin einen „Sonderfall von Kommunikation, bei der Nachrichten nicht wechselseitig und horizontal ausgetauscht, sondern vertikal entlang einer Generationslinie weitergegeben werden. Tradition funktioniert über die Strukturen des Gedächtnisses und der Autorität." (In: Assmann, Aleida. Zeit und Tradition. Kulturelle Strategien der Dauer. Köln, Weimar, Wien 1999. S. 64.). Ebenso deutet sie Gilbert Murray „als eine Orientierung, die aus der Vergangenheit kommt" (Eb. S. 72.). Hans-Georg Gadamer definiert Tradition als einen dauerhaften Prozess der bewussten und gewollten Vergegenwärtigung der Vergangenheit, wie sie zum Beispiel durch Denkmäler geschieht, da sich auch „die echteste, gediegenste Tradition [...] nicht naturhaft dank der Beharrungskraft dessen [voll-

Dabei spiele es keine große Rolle, so Eric Hobsbawm und Terence Ranger, wenn es statt einer langen Vergangenheit einen Mangel an historischer Beglaubigung gebe. Zahlreiche Beispiele in der Moderne hätten gezeigt, dass neue Traditionen je nach Bedarf entstehen können:

„They are responses to novel situations which take the form of references to old situations, or which establish their own past by quasi-obligatory repetition. It is the contrast between the constant change and innovation of the modern world and the unchanging and invariant, that makes the 'invention of tradition' so interesting for historians of the past two centuries."[180]

Diese „inventions of tradition" erfüllen dabei mehrere wichtige gesellschaftliche Funktionen. Zum einen steigern neue Traditionen den Gruppenzusammenhalt durch Kollektivsymbolik, legitimieren Institutionen und Autorität durch die Konstruktion einer *long durée,* zum anderen etablieren sie Wertestrukturen.[181] Schon Johann Gottfried Herder wies in seinem Werk *Ideen zur Philosophie der Geschichte der Menschheit* 1785 darauf hin, dass gerade die Tradition besonders wichtig für die Identität des Einzelnen sei. Erst die Kontinuität – Her-

---

zieht], was einmal da ist, sondern der [...] Bejahung [bedarf], der Ergreifung und der Pflege." (Zit. nach: Eb. S. 75.). Im Gegensatz zu Gadamers Deutung, in der durch Erinnerung Tradition entsteht und bestehen bleibt, sieht Theodor W. Adorno in ihr einen Auslöser von festgefahrenen Erinnerungen, als ein Hemmnis von Rationalität und Fortschritt: „Die Kategorie Tradition ist wesentlich feudal [...] Tradition steht im Widerspruch zu Rationalität [...] Nicht Bewußtsein ist ihr Medium, sondern vorgegebene, unreflektierte Verbindlichkeit sozialer Formen, die Gegenwart des Vergangenen [...] Die Gesellschaft appliziert sie planvoll als Kitt, in der Kunst hält sie her als verordneter Trost, der die Menschen über ihre Atomisierung auch in der Zeit beruhigen soll [...] damit am Gegenwärtigen sich nichts ändere." (Zit. nach: Ebd. S. 75f.).

[180] Hobsbawm, Eric; Ranger, Terence. The invention of tradition. Cambridge 1983. S. 2.

[181] Assmann, Aleida. Zeit und Tradition. S. 85f. Es wird vor allem die Konstruktivität von Identität und Tradition deutlich. „Es gibt keine objektiv garantierten, sondern nur interaktiv stabilisierte Wahrheiten. Was wir gemeinhin als 'Wirklichkeit' nennen, ist das Ergebnis von Machtkonstellationen, sozialer Verhandlung und gesellschaftlichem Vertrag. [...] Alle Formen zwischenmenschlicher Wahrheit werden als der kommunikativen Verhandlung zugänglich gemacht und als grundsätzlich veränderbar und ersetzbar betrachtet." In: Ebd. S. 86f.

der bezeichnet sie als „Kette der Tradition“ – gebe den einzelnen Stücken der Geschichte ihren höheren Sinn. Ohne diese Kette, die sich auch gegen Widerstände hätte durchsetzen müssen, hätte die Geschichte keinen Sinn und wäre nichts anderes als „ewige Anfänge ohne Ende, Umwälzungen des Schicksals ohne dauernde Absicht“.[182] Deswegen warnte Herder davor, die Traditionslinie zu zerstören. Stattdessen sollten die Menschen ihr durch alle Schwierigkeiten folgen und so einen größeren Sinn erfüllen: „Wo und wer du geboren bist, o Mensch, da bist du, der du seyn solltest: verlaß die Kette nicht, noch setze dich über sie hinaus.“ [183] Gerade der Traditionsbegriff nimmt bei der Legitimierung von Herrschaft, aber auch von gesellschaftlichen Umstürzen, eine wichtige Rolle ein. Sowohl die Machthabenden als auch die Opposition stützen sich und ihre Ansprüche auf historische Vorbilder und setzen sich in eine Reihe mit ihnen. So griffen die Massendemonstrationen in der Tschechoslowakei 1989 auf vorkommunistische Symbole und Personen wie den Staatsgründer Masaryk zurück und versuchten sich so aus der Vergangenheit zu legitimieren, während die sozialistische Phase dadurch zu einem „Unfall“, zu einer Zwischenphase oder einem Antagonismus der Geschichte degradiert wurde.[184]

Vor dem Hintergrund der Traditionskonstruktion sind Denkmäler als objektiv gewordene Darstellungen von gesellschaftlichen Werten und Idealen zu sehen, die sich gegen eine Vielzahl von anderen Vorschlägen durchgesetzt haben oder wurden: „Häufig treten [...] Denkmäler politisch in Funktion, sind Teil des ikonographischen Programms von Macht“.[185] Denn in der Regel werden „politische Denkmäler [...] von etablierten Kräften (Staat, staatstragende[n] Gruppen) errichtet“ und zur Erhaltung, beziehungsweise zum Ausbau der eigenen Macht genutzt: „Die Opposition baut keine Denkmäler“.[186] Im Denkmal kom-

[182] „Nur unter Stürmen konnte die edle Pflanze erwachsen; nur durch Entgegenstreben gegen falsche Anmaßungen mußte die süße Mühe der Menschen Siegerin werden.“ Zit. nach: Lipp, Wilfried. Natur – Geschichte – Denkmal. Zur Entstehung des Denkmalbewußtseins der bürgerlichen Gesellschaft. Frankfurt a.M., New York 1987. S. 103f.

[183] Ebd.

[184] Unfried, Berthold. Einleitung. S. 13.

[185] Menkovic, Biljana. S. 14.

[186] Nipperdey, Thomas. S. 133.

men auch immer die leitenden Vorstellungen und Ideale der Gesellschaft, besser gesagt der Herrschenden, zum Ausdruck – sie haben sich durch eine selektive Weltsicht gegen andere Werte durchgesetzt:

„Die Geschichte der Denkmalidee lässt sich global fassen als ein ständiger Widerstreit von Normativismen und Relativismen. Aus der Vergangenheit wird das ausgewählt, was für die Gegenwart wichtig scheint, was mit aktuellen Werten, Ideologien und Intentionen korrespondiert. Diese selektiv geklitterte Vergangenheit wird als Ideal präsentiert, womit zweierlei erreicht wird: einerseits die Beeinflussung und Indoktrinierung des zeitgenössischen Kunstschaffens, damit jedoch andererseits Legitimierung und Stärkung der herrschenden Ideologie. Historische Argumentationen werden zur Rechtfertigung gegenwärtiger Ansprüche funktionalisiert."[187]

Auf Grund der Durchsetzung von gesellschaftlichen Werten und Systemvorstellungen sowie die historische Legitimierung über die Konstruktion von Traditionslinien, geben die Herrschenden zum einen eine Deutungsmöglichkeit der Vergangenheit vor, die einen wirkungsmächtigen Vorsprung vor anderen Entwürfen hat, da sie durch die Darstellung im öffentlichen Raum eine hohe Präsenz besitzt, und zum anderen schaffen sie einen politischen Mythos, der wie im Sozialismus quasi-religiöse Züge erhalten kann. Gerade das

„Denkmal gibt den Anschein von staatlicher Kontinuität und wird hiermit zum Geltungsanspruch der Regierenden. Über die Auswahl der Denkmäler wird eine politisch angestrebte Wirklichkeit (Ideologie) herausgestellt, die in der Vergangenheit bereits anerkannt gewesen ist oder gewesen zu sein vorgibt und die als Integrationsfaktor dienen soll."[188]

Eine Grundlage für die Schaffung dieser politischen Wirklichkeit liegt in der Besonderheit von Denkmälern. Die interpretatorische Offenheit und die zahlreichen Bedeutungsebenen erlauben nicht nur, dass sie „polyvalent rezipierbar und interpretierbar" sind, sondern auch, dass sie sowohl als geschichtliches Dokument *und* auch als Traum, „der den jeweiligen Anforderungen der Gegenwart angepasst wird und zur Illustration gesellschaftlicher Zustände dient", gesehen werden kön-

[187] Bakoš, Ján. S. 348f.
[188] Trimborn, Jürgen. S. 22f.

nen.[189] Dieser „Traum“ beziehungsweise Mythos gründet sich auf eine politische Ideologie und wird unter anderem durch das Repertoire an öffentlichen Symbolen unter den Menschen verbreitet. Sie haben den Anspruch, ein Referenzsystem für jedes Mitglied der Gesellschaft zu sein und besonders in Krisenzeiten als Zusammenhalt der Gesellschaft zu funktionieren:

„Kollektive Mythen sollen verstanden werden als ein aus der nationalen Geschichte abgeleitetes Referenzsystem symbolischer Szenen und sinnsetzender Modelle, die infolge massenhafter Verbreitung durch Instanzen und Medien der Sozialisation jedem Mitglied der [...] Gemeinschaft gegenwärtig sind und deren Funktion darin besteht, Zusammenhalt und Fortbestand [...] zu sichern.“[190]

Gerade der politische Mythos eignet sich dafür, Menschen zu emotionalisieren und für die eigene Ideologie zu begeistern, da er sich häufig quasi-religiös begründet und genau wie Religionen den Anspruch der absoluten Wahrheit vertritt. Die politische Leidenschaft der Mitglieder einer Gesellschaft lässt sich so instrumentalisieren und in einem Kult in die gewünschten Bahnen lenken.[191] So vermitteln sich nicht nur Religionen als Mythos, sondern auch Nationen und erheben auf diese Weise den Anspruch auf Natürlichkeit und „den Rang eines schon immer existierenden, absolut unerschütterlichen und durch nichts zu

---

[189] Ebd. S. 15. Trimborns „Traum-“Begriff ist ein Synonym für „Mythos“. Das Denkmal als Traum begriffen entbinde das Monument von seinem historischen Zusammenhang und überführe es „in mythische und damit stark emotionalisierte Dimensionen.“ Diese Entkoppelung könne bis zur Verfälschung der historischen Realität des Denkmals führen, um eine in der Gegenwart angestrebte Aussage zu erreichen: „Die Verknüpfung von Denkmalen mit bestimmten Ansprüchen, Werturteilen und Wunschvorstellungen der Gegenwart stellen das Denkmal oftmals in das Spannungsfeld zwischen Realität, zwischen Wirklichkeit (authentischer Realität) und projiziertem Traum (erträumter, inszenierter, vermeintlicher ‘Realität’), zwischen Geschichtszeugnishaftigkeit und Utopie.“ Vgl. ebd. S. 15f.

[190] Menkovic, Biljana. S. 16.

[191] „Der Mythos – eine von einer großen Gruppe von Menschen geteilte Überzeugung, die nicht hinterfragt wird und Ereignisse und Handlungen einen bestimmten Sinn verleihen – ist eine besonders aufschlussreiche Form des Symbols bei der Entstehung politischer Massenbewegungen.“ In: Edelman, Murray. Politik als Ritual. Die symbolische Funktion staatlicher Institutionen und politischen Handelns. Frankfurt a.M. 1990. S. 110.

hinterfragenden Prinzips.“[192] Die Nation legitimiert sich ebenso wie die Religion vor der Moderne: Sie findet ihre Existenzberechtigung außerhalb aller historisch fixierbaren Zusammenhänge. In ihrem Selbstverständnis sind beide absolut und brauchen deswegen keine rational überprüfbaren Legitimationen.[193] Beiden reicht der Glaube der Mitglieder ihrer Gemeinschaft an sie. Diese Voraussetzung soll vor allem durch eine starke Präsenz im Alltagsleben der einzelnen Menschen erreicht werden. Ein wichtiges Mittel hierfür sind Bilder oder eben auch Denkmäler, die „die sinnliche Natur des Menschen [ansprechen] und sein Gemüt erreich[en].“ Die Anschaulichkeit und Individualität von Bildern ermöglicht es,

> „jene Begeisterung [zu wecken], die für die politischen Zwecke der eher abstrakten Ideologie benützt werden kann, eine Begeisterung, die um so mehr fanatische Züge annimmt, als diese Ideologie vorgibt, absolute Wahrheiten zu verkünden.“[194]

Das individuell-anschauliche Denkmal wird somit zu einem Synonym, zu einer verdinglichten Darstellung einer abstrakt-allgemein, nicht greifbaren Ideologie.[195] Ähnlich wie ein Kirchengebäude, dessen Türschwelle das Heilige vom Weltlichen abgrenzt, weist „die Einfriedung des Denkmals auf die Darstellung von etwas Außergewöhnlichem [hin]. Das Prinzip des Denkmals ist das der symbolischen Erhö-

---

[192] Schmoll, Friedemann. S. 48. Thomas Nipperdey weist darauf hin, dass die Nation im Übergang zur Moderne in das Machtvakuum, welches durch den Zerfall der Einheit von Religion und Politik entstand, eingesprungen sei: „Das Religiöse wird im Nationalen säkularisiert, das Säkulare sakralisiert.“ Nur eine quasireligiöse Ideologie, ein Kult, wie eine Nation, könne den Anspruch vermitteln, die maßgebliche Sinngebungs- und Rechtfertigungsinstanz zu sein. In: Nipperdey, Thomas. Deutsche Geschichte 1800-1866. Bürgerwelt und starker Staat. München 1983. S. 300.

[193] Vgl. Schmoll, Friedemann. S. 49.

[194] Hübner, Kurt. Tyrannensturz. Mythos und Wirklichkeit. In: Heiner Must (Hrsg.). Bildersturm. Heidelberg 2006. S. 9f.

[195] Dies ist auch der Grund, warum Kurt Hübner schlussfolgert, dass der politische Mythos nur ein Pseudomythos sein kann. Er ist nicht wie sein griechisches Vorbild eine Wirklichkeitserfahrung, sondern ein zu einem politischen Zweck konstruiertes Weltbild. Der politische Mythos wird nur zum Zweck des Machterhaltes und Machtausbaus erfunden. Vgl. ebd. S. 10f.

hung."[196] Dabei ist es nicht wichtig, ob der im Denkmal dargestellte Mythos und die damit verbundene Traditionslinie, als deren Teil sich die Gesellschaft formuliert, eine historische Grundlage besitzt. Wie an späterer Stelle noch einmal verdeutlicht werden wird, ist das politische Gedächtnis äußerst trügerisch und kann je nach Belieben geformt werden. Politische Mythen besitzen eine so große bindende Kraft, da sie die historischen Erfahrungen von den Bedingungen ihres Entstehens entkoppeln und zu von Zeit enthobenen Geschichten umformen, die den Anschein vortäuschen, schon immer aktuell für die jeweilige Gruppe gewesen zu sein. Deswegen werden sie in der Regel auch nicht hinterfragt, sondern als gegeben hingenommen und tradiert:

> „Wie lange dies geschieht, hängt davon ab, ob sie gebraucht werden, d.h. ob sie dem gewünschten Selbstbild der Gruppe und ihren Zielen entsprechen oder nicht. Ihre Dauer wird nicht dadurch begrenzt, dass die Träger wegsterben, sondern dadurch, dass sie dysfunktional und durch andere ersetzt werden."[197]

Historische Gegebenheiten werden durch den Blickwinkel der Gegenwart interpretiert, weswegen sich der Mythos auch als eine „affektive Aneignung der eigenen Geschichte" sehen lässt, die „die Vergangenheit in der Gegenwart präsent hält[,] ihr eine Orientierungskraft für die Zukunft abgewinnt" und die nicht durch Historisierung vergeht.[198] Dafür notwendig ist laut Aleida Assmann eine Vergegenwärtigung des Mythos′ in bestimmten Orten – Pierre Noras Begriff der *lieux de memoire* beschreibt diese Orte am Besten –, in denen Vergangenheit und Gegenwart aufeinandertreffen.[199] Diese Plätze sind vor allem für die Gruppe heilige Orte, aber auch Denkmäler und Monumente, die zwar kulturelle Konstruktionen sind und damit auch eine Verfälschung von historischen Tatsachen, wie Ian Buruma anführen würde, aber nichtsdestotrotz ebenso als geschichtliche Gegebenheiten zu sehen sind.
Die Rolle von Denkmälern für die Gesellschaft oder für eine Gruppe ist als eminent wichtig anzusehen. Sie helfen bei der historischen Legitimation und der Identitätsstiftung dadurch, dass sie als Teil der öf-

---

[196] Schmoll, Friedemann. S. 49.
[197] Assmann, Aleida. Der lange Schatten der Vergangenheit. Erinnerungskultur und Geschichtspolitik. München 2006. S. 40.
[198] Ebd.
[199] Ebd.

fentlichen Machtsymbolik zur Konstruktion eines politischen Mythos beitragen. Denkmäler als politische Symbole sind „keine Metaphern der Macht, sondern deren Mittel und Zweck zugleich.“[200] Daher ist die Aufstellung von Denkmälern als eine Machtdemonstration zu sehen, schließlich erheben die Errichter den Anspruch auf die Deutungshoheit der Vergangenheit und damit verbunden auf die Konstruktion eines politischen Mythos. Im Falle eines Machtverlustes gerät die Durchsetzung dieses Anspruches in Gefahr und verdeutlicht sich vor allem dadurch, dass die eigenen Denkmäler von der Opposition gestürzt werden. Neben einem direkten Angriff auf die Herrschenden kennzeichnet der Akt eine Delegitimierung durch die Zerstörung der Traditionslinie und damit der Verbindung zur Vergangenheit.

IV.2.2. Inszenierung des öffentlichen Raumes

Denkmäler und der Umgang mit ihnen bedürfen einer Voraussetzung, um die Wirkung auf die Gesellschaft so zu entfalten, wie sie es tun: Sie müssen so präsent wie möglich im öffentlichen Raum sein und durch den alltäglichen Kontakt mit ihnen zu einem Teil des Lebens der einzelnen Gesellschaftsmitglieder werden. So beschreibt der Kulturhistoriker Jan Kusber urbane Räume als „Gedächtnisorte der Macht“[201] und hebt damit ihre Wirkungsmacht für den Charakter einer Stadt hervor. Was sich auf und in ihnen abspiele, habe, so Kusber in Anlehnung an den Kulturwissenschaftler Kurt Schlögel, einen großen Einfluss auf die Menschen: „Der Raum hat eine Prägekraft für den einzelnen Menschen und prägt das Individuum zu einem geformten Objekt.“[202] Die Belebung und Formung des Raumes erfolge erst durch dynamische Prozesse – „ein ‘Ort’ macht noch keinen ‘Raum’ aus“ – und sei einem immerfort andauernden Veränderungsprozess unterworfen: „Historische Erinnerung ist wandelbar und wie die Konstruktion

---

[200] Pribersky, Andreas. S. 191.

[201] Kusber, Jan. Konkurrierende Plätze in Sankt Petersburg. Zur Dauerhaftigkeit der Verortung politischer Macht im historischen Gedächtnis. In: Rudolf Jaworski, Peter Stachel (Hrsg.). Die Besetzung des öffentlichen Raumes. Politische Plätze, Denkmäler und Straßennamen im europäischen Vergleich. Berlin 2007. S. 137.

[202] Ebd. S. 133.

von öffentlichen Räumen vielfältig."[203] Das bedeutet, dass ein Ort mehrere Raumkonstruktionen gleichzeitig besitzen kann und je nach individueller Einstellung des Interpreten unterschiedlich gedeutet wird:

„Betrachtet man Plätze, so stellen diese nicht selten unterschiedliche Gedächtnisorte mit heterogenen Zeitbezügen für differenziert zu betrachtende Akteurs- und Rezipienten-, also Nutzergruppen dar. Das Ensemble von Gedächtnisorten, das einen solchen Platz über die Architektur- und Denkmalsetzung auf und an dem jeweiligen Platz formiert, ist hierbei ebenso wenig beliebig, wie die Lage des Platzes im Gesamtgefüge der Stadtanlage oder die verkehrsgeographische wie geschichtstragende Bedeutung der Straßen, die in die Plätze einmünden oder davon abgehen."[204]

Entscheidend für die Besetzung des öffentlichen Raums mit einer Bedeutung ist ein selektiver Prozess, der durch Machtverhältnisse und damit verbundene Deutungshoheiten, aber auch durch historische Ereignisse geprägt ist:

„Nicht alles geht in das historische Gedächtnis eines Kollektivs ein und ist speicherfähig; vieles aber wird konkret mit dem Raum als Ort des Geschehens verbunden, gerade wenn es um überwiegend politische Aufladungen geht."[205]

Dieser Prozess wird zum Beispiel durch den Bau, aber auch durch den Sturz von Denkmälern gesteuert. Der Ewigkeitsanspruch dieser Bauwerke und der mit ihnen verbundene Ausdruck öffentlichen Erinnerns trägt zu dem Anspruch der Errichter und Zerstörer bei, dem öffentlichen Raum durch den Vorgang einen eindeutigen symbolischen Stempel aufzudrücken. Während die eine Seite danach strebt, den Raum zu besetzen, richtet sich der Sturz gegen die Besetzung und versucht den Raum von seiner Bedeutung zu „befreien". Sowohl Denkmalserrichtung als auch -abriss sind integrale Bestandteile des Kampfes um öffentliche Räume und Beweis für die unterschiedlichen und sich wandelnden Rezeptionen von ihnen.[206]

---

[203] Ebd. S. 134.
[204] Ebd. S. 140.
[205] Ebd. S. 134.
[206] Jaworski, Rudolf. S. 175f.

Der schon zuvor erwähnte Einsatz von Symbolen im öffentlichen Raum zur visuellen Darstellung von Macht und Autorität stützt sich auf eine lange Tradition.[207] Sei es durch bildliche Darstellungen der Herrscher selbst oder durch Denkmäler, die auf die unsichtbaren Wertevorstellungen der Gemeinschaft und ihrer Führung verweisen. Dementsprechend kann ein errichtetes Denkmal nicht für sich selbst allein betrachtet werden, sondern muss als „Kristallisationspunkt gesellschaftlicher Leitvorstellungen und Ideologien" verstanden werden, welches automatisch eine gesellschaftlich-politische Dimension besitzt und das Selbstverständnis sowie die herrschenden Norm- und Wertevorstellungen der Gesellschaft wiedergibt.[208] So zeigt dann auch der Umgang der Gruppe mit den Denkmälern im öffentlichen Raums gesellschaftliche Veränderungen an und lässt Herrschaftswechsel deutlich werden:

> „Jedes Denkmal kann gemäß den herrschenden gesellschaftlichen Befindlichkeiten und den Ansprüchen der Zeit umgedeutet und umgewidmet und in seiner inhaltlichen, symbolischen Aussage modifiziert werden und somit eine neue modifizierte Bedeutungsschicht erhalten."[209]

Im Extremfall kann es dann zu Denkmalstürzen kommen, die symbolisch den totalen Bruch mit den vorherigen Herrschern darstellen. Während Umdeutungen und Modifizierungen von Monumenten noch gemäßigte Aktionen sind, verweisen Zerstörung und Sturz auf eine Unvereinbarkeit von Vergangenem und zukünftig Gewolltem. Deswegen, so Trimborn, erlaube der Blick auf den Umgang einer Gesell-

---

[207] „Durch die ganze Geschichte der Menschheit hindurch haben Führer von Großreichen und Nationen Künstler engagiert, um prachtvolle Symbole ihrer Autorität und der Ordnung, die sie repräsentieren und zu erhalten trachten, zu gestalten." In: Goethals, Gregor T. Ritual und Repräsentation von Macht in Kunst und Massenkultur. In: Andréa Belliger, David J. Krieger (Hrsg.). Ritualtheorien. Ein einführendes Handbuch. Opladen, Wiesbaden 1998. S. 313.

[208] Trimborn, Jürgen. S. 19. Vgl. dazu auch die gesellschaftliche Funktion der Nationaldenkmäler im 19. Jahrhundert: „Das Nationaldenkmal 'sollte […] immer [ein] erneuter Anstoß zum Gewinnen und Befestigen der Identität ausgeben, es hatte einen spezifischen nationalpädagogischen Sinn, einen dynamischen Anspruch, wie es der Struktur des neueren Nationalismus entsprach.'" In: Nipperdey, Thomas. Gesellschaft, Kultur, Theorie. S. 170.

[209] Trimborn, Jürgen. S. 21f.

schaft mit ihren Denkmälern eine Aussage über Zeitstimmungen. Denkmäler, die für die nationale Identität eines Staates bedeutsam seien, hätten einen spezifischen Verweischarakter und übernähmen eine Stellvertreterfunktion für die herrschende Ideologie, die sie errichtet hat.[210] Sie haben neben der materiellen auch immer eine ideelle Wirklichkeit, die über das rein ästhetische, künstlerische Phänomen hinausgeht.

Der öffentliche Raum und die in ihm platzierten bildlichen Darstellungen einer Gesellschaft haben daher eine wichtige Funktion für die Identität einer Gruppe. Der „öffentliche [...] Raum war [schon] immer Abbild einer Gesellschaft"[211] und stellt die wichtigen gesellschaftlichen Leitideen für alle deutlich sichtbar aus. Jean-Jacques Rousseau ging so weit, dass er die „Stadt als Theater",[212] also als eine öffentliche Inszenierung sah:

> „Im Prozess einer öffentlichen Inszenierung werden Denkmale mit einer ganz bestimmten Intention und Aussageabsicht in 'Szene gesetzt', es wird also ein ganz bewusster Inszenierungsaufwand betrieben, um [...] Male des Denkens und Erinnerns, also öffentliche (Sinn-) Zeichen als repräsentative gesellschaftliche Kulminationspunkte, zu schaffen."[213]

Der öffentliche Raum wird bewusst und gezielt mit Symbolen ausgestattet, um so das Selbstverständnis einer Gruppe darzustellen, aber auch um ihn als wirksames Machtinstrument zu nutzen. Dieser Funktion liegt das Wesen der Öffentlichkeit zugrunde, die wir, wie Jürgen Habermas formuliert, „zunächst [als] einen Bereich unseres gesellschaftlichen Lebens [verstehen], in dem sich so etwas wie eine öffentliche Meinung bilden kann."[214] Der frei zugängliche Raum in einer Stadt kann daher die Position eines Mediums einnehmen, welches durch entsprechende Inszenierungselemente, wie zum Beispiel Denkmäler, mit Inhalt gefüllt werden kann und als exemplarische Zirkulationsfläche für Norm- und Wertevorstellungen – als „Selbst-Thema-

[210] Ebd. S. 24.
[211] Zit. nach: Ebd. S. 35.
[212] Zit. nach: Ebd.
[213] Ebd. S. 33.
[214] Habermas, Jürgen. Öffentlichkeit. In: Ders. Kultur und Kritik. Verstreute Aufsätze. Frankfurt a.M. 1973. S. 61.

tisierung der Gesellschaft"[215] – die Rolle als kollektives Kommunikations- und Artikulationszentrum einnimmt. Die Plätze und Straßen fungiere dabei als „Wohnung des Kollektivs"[216] dessen zentrale Funktion die bildliche Darstellung von Gesellschaftsprozessen im öffentlichen Raum ist. Das Privileg der Herrschenden, die Gestaltung und die Inszenierung bestimmen zu können, ist ein Grund für den Kampf um den öffentlichen Raum in allen gesellschaftlichen Umbruchprozessen und liegt vor allem an seiner alltäglichen Wahrnehmbarkeit durch die Bevölkerung.[217] Nirgendwo sonst lassen sich Autorität und Macht, aber auch deren Verlust, so deutlich symbolisieren. Denkmäler sind allgegenwärtige Sinnzeichen par excellence und werden durch Inszenierung dafür genutzt, das eigene Politik- und Geschichtsverständnis zu verbreiten. Ebenso wie die Errichtung der zahlreichen Stalin- und Leninmonumente in den osteuropäischen Nationen von der Durchsetzung der Machtansprüche der sozialistischen Führung der Sowjetunion und ihrer Vasallen in den einzelnen anderen Staaten zeugten, machten die zahlreichen Denkmalstürze zum Ende dieses Gesellschaftssystems deutlich, dass sich das vorherrschende Verständnis gewandelt hatte und die alten Eliten ihre Autorität und ihre Macht über den öffentlichen Raum und damit über die gesamte Gesellschaft

---

[215] Luhmann, Niklas. Selbst-Thematisierung des Gesellschaftssystems. Über die Kategorie der Reflexion aus der Sicht der Systemtheorie. In: Ders. Soziologische Aufklärung. Aufsätze zur Theorie der Gesellschaft. Bd. 2. Opladen 1975. S. 78.

[216] Walter Benjamin benutzt diesen Ausdruck im Zusammenhang mit der Entwicklung von Einkaufsstraßen in Paris. Jedoch lässt er sich auch in Zusammenhang setzen mit der Selbstdarstellung einer Gesellschaft. Ebenso wie der Einzelne sich sein Wohnzimmer nach seinem Gutdünken einrichtet, um sich dort wohl und sein Wesen repräsentiert zu fühlen, bestückt eine Gesellschaft ihr „Wohnzimmer", den öffentlichen Raum, mit Gegenständen und Abbildungen, in denen sie sich selbst wiederfindet. In: Benjamin, Walter. Gesammelte Schriften Band V. 2. Das Passagenwerk. Hrsg. von Rolf Tiedemann. Frankfurt a.M. 1982. S. 1052.

[217] Mit dem Begriff „die Herrschenden" soll auch die Staatsform der Demokratie umfasst werden. Sie benötigen ebenso wie Diktaturen „Plätze, Gebäude oder Kunstwerke, Geschichten und Mythen, die die Funktion der Repräsentation übernehmen, die eine Gesellschaft verbinden." In: Odenthal, Johannes. Von der Schwierigkeit, nationale Denkmäler in Berlin zu errichten. In: *Theaterschrift*. Bd. 10 (Stadt, Kunst, Kulturelle Identität). Amsterdam u.a. 1995. S. 104.

verloren hatten.[218] Das zerstörte Monument negiert den Machtanspruch „der Generation der jetzt Herrschenden“ und ihre visualisierte Behauptung „die Generation der jetzt Gehorchenden [zu] überdauern“,[219] indem ihre Autoritätssymbole aus dem öffentlichen Raum entfernt werden.
Die Stiftung eines Denkmals und damit die Füllung des Mediums Öffentlichkeit mit Inhalt – mit politischen Interpretationen und Legitimationen – „sag[t] […] mehr über die Motive der Denkmalsetzer aus, als über das Ereignis, auf das sie sich beziehen“[220] und steht dementsprechend nicht für den Ist-Zustand der Gesellschaft, sondern für den erträumten Soll-Zustand:

> „Denkmäler sind Spiegel der Gesellschaft, ihrer Vorstellungen, Träume, Wünsche, Illusionen und Bedürfnisse. Sie sind deshalb auch nie neutral, sondern bestimmt von einem sinn- und konsens- oder dissensstiftenden Auftrag, in wessen Namen dieser auch immer erteilt und in wessen Namen er auch immer ausgeführt wird.“[221]

Sowohl Denkmalerrichtung als auch ihr Sturz sind Inszenierungen im öffentlichen Raum. Ebenso wie der Bau eines Monuments unter großer Aufmerksamkeit der Bevölkerung geschieht, bleibt die Zerstörung selten unbeachtet. Beide Vorgänge haben zum Ziel, durch symbolisches Handeln in der Öffentlichkeit die Autoritätsfrage zu Gunsten der Handelnden zu entscheiden. Dem inszenierten Raum müsse, darauf weist Jürgen Trimborn hin, notwendigerweise ein Konzept, eine Art Regieanweisung zugrunde liegen, welchem ein geplantes, gezielt ko-

---

[218] Vgl. dazu: „Der Denkmalsturz symbolisiert Veränderungen in der Hierarchie der Werte: was ganz oben rangierte, soll erniedrigt werden.“ In: Pross, Harry. Kann man Geschichte sehen? In: Götz Aly u.a. (Hrsg.). Demontage… revolutionärer oder restaurativer Bildersturm? Berlin 1992. S. 108.
[219] Zit. nach: Trimborn, Jürgen. S. 37.
[220] Spielmann, Jochen. Der Prozeß ist genauso wichtig wie das Ergebnis. Fußnoten zu Kunst-Wettbewerben als Kommunikationsform der Auseinandersetzung. In: Der Wettbewerb für das „Denkmal für die ermordeten Juden Europas“. Eine Streitschrift. Berlin 1995. S. 138.
[221] Goetschel, Willi. Ab/Deckerinnen im großen Stil. In: Der Wettbewerb für das „Denkmal für die ermordeten Juden Europas“. Eine Streitschrift. Berlin 1995. S. 52.

ordiniertes, dramaturgisch aufbereitetes Handeln folge.[222] Ähnlich wie in einer Aufführung im Theater strebe die Inszenierung durch Denkmäler danach, spezifische Intentionen und Aussagen umzusetzen. So erfolgte der Sturz der Monumentalstatue Alexanders III. neben der Erlöserkirche in Moskau 1917 vor extra herbeikommandierten Soldaten der Roten Armee, damit diese die Demontage vor Ort selbst miterleben konnten. Die Zerlegung in alle Einzelteile sollte allen Anwesenden verdeutlichen, „dass es [Anm. des Verf.: das Denkmal und somit auch das alte System] hohl war, ein Koloss auf tönernen Füßen und entblößt jeglicher Wirkungsmacht."[223] Ebenso wie Ideologien abstrakte Vorstellungen sind, die einer symbolhaften, konkreten Darstellung bedürfen, um erfahrbar zu werden, benötigen Vorgänge des gesellschaftlichen Wandels und nicht direkt greifbare gesellschaftliche Zustände

„ästhetische, sichtbar machende, adäquate Form[en] der Aussage im öffentlichen Raum […] [Dieser] ist, wie auch die Bühne des Theaters – ein mehr oder weniger komplexes Zeichensystem. Die Manifestationen im öffentlichen Raum sind als ein Zusammenhang von Zeichen zu begreifen, die in ihrer Gesamtheit ein semiotisches, interpretierbares, decodierbares System ausmachen."[224]

Beide Zeichensysteme zeichnen sich durch ihre Verbindlichkeit und Bekanntheit bei allen Teilnehmern aus, jedes Zeichen ist fest mit bestimmten Inhalten, zum Beispiel mit Ideologien, verbunden und vermittelt diese auch weiter. Durch ihre Kombination werden infolge dessen spezifische Bedeutungen und Aussagen evoziert. So wurde erst durch die Kombination der Zeichen die inszenierte Zerstörung der Monumentalstatue Alexanders III. zu der Abrechnung *in effigie* mit einem überwundenen System. Dieses konnte nur funktionieren und von allen Anwesenden verstanden werden, da die einzelnen Zeichen – die Bekanntheit der dargestellten Person, die Vorstellung von der Identität von Abbildendem und Abgebildetem sowie die Bedeutung des Sturzes als kulturelles Ereignis – bekannt und akzeptiert waren. Wenn aber der öffentliche Raum als Ort der gesellschaftlichen Selbst-

[222] Trimborn, Jürgen. S. 32f.
[223] Unfried, Berthold. Denkmäler des Stalinismus und 'Realsozialismus' zwischen Bildersturm und Musealisierung. S. 22.
[224] Trimborn, Jürgen. S. 39.

inszenierung gesehen wird, der auf ein bestimmtes Zeichensystem zurückgreift, bedarf es ebenso wie im Theater nicht nur der Darsteller, sondern auch der Zuschauer. Denn was nutzt eine Vorstellung ohne ein Publikum, welches die Darbietung verfolgt? Weder eine Theateraufführung noch die Inszenierung des Raumes findet um seiner selbst willen statt, nur anwesende Personen, die das Geschehen verfolgen, geben dem Ganzen einen Sinn und seine Daseinsberechtigung:

> „Alle Anwesenden müssen in den Spielprozeß integriert sein, in ludio sein – im Spiel sein. Theater ist aber nicht nur Spiel, vielmehr ein besonderes Spiel, das nicht nur *vor* sondern auch *für* Zuschauer stattfindet."[225]

Und ebenso wie im Theater bietet sich dem Regisseur, den Herrschenden, durch den Einsatz bestimmter Baudenkmäler, als eine Art von Bühnendekoration, die Möglichkeit, eine gewünschte Atmosphäre zu erzeugen.[226] Ziel ist es

> „dem Publikum zu gefallen. Eine historische Wahrheit ist nicht beabsichtigt und auch nicht zu erzielen. [...] Mit theatralisch gelungener Geste wird eine Vorstellung von dem geboren, was man [...] sehen möchte."[227]

Sämtliche Zeichen in der Inszenierung des öffentlichen Raums sind bewusst gewählt, um dieses Ergebnis zu erreichen. Denkmäler und ihr Sturz lassen sich deshalb nie als singuläres Ereignis, nie als autonomes Phänomen fassen, sondern müssen in einem größeren Zusammenhang als konkret gewähltes Zeichen und als Ausdruck ihrer Zeit und der politischen Wirkung gesehen werden. Erst durch die Gesamtkomposition der einzelnen Elemente der Inszenierung entfalten Errichtung und Zerstörung ihre gesamte Bedeutungstragweite. So wie Denkmäler durch ihren zentralen Standort, ihre alltägliche Erfahrbarkeit und ihre Botschafterfunktion

---

[225] Zit. nach: Ebd. S. 40 (Hervorhebungen im Original).

[226] Denkmäler gehören zu den wichtigsten „Bühnendekorationen" des öffentlichen Raums. Sie stehen an zentralen Orten und sind täglich erfahrbar.

[227] Mielke, Friedrich. Die Zukunft der Vergangenheit. Grundsätze, Probleme und Möglichkeiten der Denkmalpflege. Hrsg. von Karl Wilhelm Schmitt. Stuttgart 1975. S. 118.

„zur Zeit ihrer Entstehung als Symbole für die Vortrefflichkeit des herrschenden Regimes verstanden [werden], […] zur Stärkung der Ehrfurcht und des Gehorsams der Untertanen in der Gegenwart beitragen und in die Zukunft hinein von der Größe und Bedeutung der Zeit Zeugnis ablegen"[228]

sollen, bedeutet der Sturz eine bewusste Negierung dieses Anspruches. Der Akt ist mehr als ein spontaner, zufällig gewählter Vorgang wie er sich zahlreich in den osteuropäischen Ländern nach dem Zusammenbruch des sozialistischen Systems ereignete. Seine Wirkungsmacht und Bedeutung war allseits bekannt und wurde deswegen gezielt vollzogen.
Dies liegt unter anderem daran, dass die Standorte von wichtigen Denkmälern häufig auch Feierbezirke und zentrale Kollektivtreffpunkte bei Festen sind. Viele Plätze dienen als sakrale oder weltliche Festräume, deren Zentrum das Denkmal einnimmt und so ein zentraler Bestandteil der Inszenierung ist:

„Das Denkmal, […] dem eine konkrete, politische oder gar nationale Bedeutung zugeschrieben wurde, galt schon immer als angemessener und repräsentativer Hintergrund für die verschiedensten Veranstaltungen unterschiedlichster weltanschaulicher Ausrichtung."[229]

So waren die Bauwerke im 19. Jahrhundert fester Bestandteil des nationalen Kultes und seiner Festlichkeiten und erhielten eine quasireligiöse Erhöhung und Verehrung.[230] Die zahlreichen Errichtungen neuer nationaler Denkmäler und die feierlichen Eröffnungsfeiern zeugen von der zentralen Funktion bei der Etablierung der neuen Gesellschaftsform Nation. Dabei deutet die große Anzahl nicht auf eine schon existierende nationale Identität, sondern vielmehr auf den Wunsch nach der Manifestierung der Idee durch die Inszenierung im

---

[228] Trimborn, Jürgen. S. 25.
[229] Ebd. S. 46f.
[230] „Und da im Zeitalter des Nationalismus die Nation in die Reihe der höchsten Werte einrückte, ja zum innerweltlich höchsten Wert werden konnte, war mit der Idee des Nationaldenkmals vielfach mehr oder weniger explizit die Idee eines nationalen Kultus verbunden, und auch die Bauform der Denkmäler erhielt kultische Züge, Reminiszenzen und Ansprüche." In: Nipperdey, Thomas. Gesellschaft, Kultur, Theorie. S. 170.

öffentlichen Raum.[231] Grundlage für diese Entwicklung war sicherlich auch die Tendenz vom persönlichen Gedenken hin zum öffentlichen Gedächtnis, welches erst durch die Französische Revolution hervorgerufen wurde. Die Ereignisse verhalfen „dem Bürger im Verlaufe des 19. Jahrhunderts zum gesellschaftlichen und politischen Selbstverständnis“,[232] welches sich durch die Repräsentanz in Denkmälern im öffentlichen Raum visualisierte und „gesellschaftlich akzeptierte [...] Werte und Leistungen, die ihren Ausdruck in herausragenden Persönlichkeiten oder Personengruppen gefunden“ [233] hatten, vergegenwärtigte.

IV.3. Affektiver und institutionalisierter Denkmalsturz

Die Geschichte hat gezeigt, dass wichtige Denkmäler des alten Regimes in Umbruchzeiten nicht unweigerlich den Menschenmassen zum Opfer fallen mussten. Gerade die Historie der DDR exemplifiziert, dass es zu großen Veränderungen kommen kann, ohne dass die Monumente der ehemaligen Herrschenden in einem affektiven Akt beseitigt werden. Potentiell kann es zu solchen spontanen Unmutsäußerungen kommen, wie zahlreiche Beispiele in Osteuropa gezeigt haben, es muss aber nicht. Oft ist es jedoch so, dass im Fall des Ausbleibens manche Denkmäler im Nachhinein von den neuen Machthabern zerstört werden und der Sturz damit eine ganz neue Qualität bekommt. Ereignisse wie die Demontage des Lenin-Monuments in Berlin-Friedrichshain 1991/92, der Fall des Meißener Denkmals von Albrecht dem Beherzten 1951 oder die geplante Zerstörung des Reiterdenkmals Friedrichs II. in Berlin 1950 zeigen, dass der nachträgliche Sturz von vielen Menschen als unnötige Bestrafung der alten Eliten

---

[231] „Die Denkmalinflation des 19. Jahrhunderts ist nicht etwa als Indikator für geschlossene kollektive Identitäten zu werten, sondern, umgekehrt, sie indizierte in einer Zeit immer rascheren Wandels auf allen gesellschaftlichen Ebenen die hektische Suche nach Selbstvergewisserung.“ In: Schmoll, Friedemann. S. 43.

[232] Brückner, Wolfgang. Zugänge zum Denkmalwesen des 19. Jahrhunderts. In: Ekkehard Mai, Gisela Schmirber (Hrsg.). Denkmal – Zeichen – Monument. Skulptur und öffentlicher Raum heute. München 1989. S. 13.

[233] Düwell, Kurt. Begriff und Wandel der Repräsentanz in der Öffentlichkeit. In: Ekkehard Mai, Gisela Schmirber (Hrsg.). Denkmal – Zeichen – Monument. Skulptur und öffentlicher Raum heute. München 1989. S. 27.

angesehen wurde und dementsprechende Gegenreaktionen auslöste. Das Standbild des Preußenkönigs hatte an exponierter Lage auf der Straße „Unter den Linden“ den Krieg und auch die Entstehung des sozialistischen Systems in der DDR überstanden, sollte nun jedoch nach dem Willen der neuen Machthaber demontiert werden.[234] Grund war zum einen, dass sich das Denkmal nicht im Sinne des „sozialistischen Patriotismus“ instrumentalisieren lassen konnte und als ein Zeichen für den „ideell ausgetragenen Kampf überstandener Klassengegensätze verstanden“ wurde.[235] Zum anderen verstand sich die DDR im Gegensatz zur BRD nicht als Nachfolgestaat des nationalsozialistischen Deutschlands. Es sollten neue, eigene Traditionslinien aufgebaut werden und Denkmäler, die als nicht mehr aktuell empfunden wurden, aus dem Alltagsbild weichen:

> „Als das Monument nach dem Ende des Zweiten Weltkriegs in den Hoheitsbereich eines ideologischen Systems fiel, das in den Relikten seiner eigenen monarchischen Vergangenheit einseitig nur Zeichen der Despotie, Willkürherrschaft und Volksausbeutung zu erkennen vermeinte, wurde es aus der Öffentlichkeit entfernt.“[236]

Die Geschichte sollte ausgeblendet und jegliche Verbindung zu der vorhergehenden Zeit durch den Sturz geleugnet werden. Das kollektive Verdrängen der Geschichte konnte in den Augen der DDR-Führung nur durch das Nicht-Kennenlernen geschehen und dies musste unweigerlich eine Bereinigung des öffentlichen Raums und der Denkmallandschaft nach sich ziehen.[237] Andernfalls hätten die Monumente alleine durch ihre Anwesenheit „dem gesellschaftlichen Bedürfnis nach Vergessen bestimmter Vergangenheiten in ihrer Erinnerungsfunktion“ im Wege gestanden.[238] Die Demontage eines Denkmals formuliert noch deutlicher den Sieg über das ehemalige Regime als ein spontaner Sturz. Während die impulsive Aktion in einer Zeit stattfindet, in der sich die alten Herrscher und die Opposition noch in

---

[234] Siehe dazu: Abb. 17.
[235] Hütter, Elisabeth; Magirius, Heinrich. Zum Verständnis der Denkmalpflege in der DDR. In: *Zeitschrift für Kunstgeschichte* 55 (1990). S. 397.
[236] Zit. nach: Trimborn, Jürgen. S. 302.
[237] Vgl. Menkovic, Biljana. S. 75.
[238] Ebd. S. 77.

einem Kampf um den öffentlichen Raum befinden, ist die nachträgliche Entfernung eine Verwaltungsentscheidung eines weitgehend etablierten Systems statt. Gemein ist beiden Versionen, dass sie für einen gewollten gesellschaftlichen Neuanfang und den Sieg über die untergegangene Herrschaftsform und deren Normen und Werte stehen sowie für den „Versuch Geschichte (für die das Denkmal stand) auszublenden und damit nachträglich zu korrigieren und umzuschreiben."[239] Ein Unterschied zwischen herrschenden und oppositionellen Denkmalstürzern besteht jedoch in der Vorgehensweise. Während die Demontage per offiziellem Beschluss auch darauf abzielen kann, die für den Bau verwendeten Materialien wiederzuverwenden oder das Bildnis zumindest in einem Lager aufzubewahren, richtet sich das Augenmerk des affektiven Aktes vor allem auf die Zerstörung und die Entfernung aus dem alltäglichen Blickfeld.[240] Die Emotionen und angestauten Aggressionen werden in einem zeitlich begrenzten Vorgang durch die „Lynchjustiz in effigie" entladen und das aktuell noch bestehende, aber schon im Fall befindliche System angegriffen. Ziel ist es, das Denkmal so schnell wie möglich aus dem öffentlichen Raum zu entfernen und die Erinnerung an die ehemaligen Eliten auszulöschen. Dagegen zielt der bürokratisch geplante Sturz auf wesentlich mehr ab: Obwohl die Zerstörung scheinbar nicht mehr nötig ist, da das Monument im Umwandlungsprozess von den Menschen nicht als Bedrohung oder Störung empfunden wurde und deswegen unberührt blieb, wird durch die nachträgliche Demontage ein Bedürfnis befriedigt:

> „In Zeiten von Umstürzen wird die bloße Existenz politischer Denkmale der vorangegangenen Gesellschaftsordnung als direkte politische und ideologische Herausforderung verstanden, auf die man mit der Eliminierung der Denkmale aus dem Bild der Stadt antwortet."[241]

---

[239] Trimborn, Jürgen. S. 296.

[240] Vgl. dazu: Gamboni, Dario. S. 21.

[241] Trimborn, Jürgen. S. 297. Das Ausbleiben eines Denkmalssturzes kann darauf hinweisen, dass das Monument nicht als akute Bedrohung empfunden wird. Das Beispiel der DDR zeigt jedoch, dass dies nicht zwingend notwendig ist. Warum die Denkmäler während der Wende nicht in einem affektiven Akt durch die Menschen fielen, ist, wie Schulz zur Wiesch aufzeigt, nur spekulativ zu begründen. Vgl. Schulz zur Wiesch. S. 231- 235.

Stellvertretend für das alte System rechnen die neuen Herrscher mit den alten am Denkmal ab. Gleich einem Gerichtsprozess verläuft der gesamte Vorgang in bürokratisch gelenkten Bahnen und zielt ebenso wie die Verurteilung eines realen, menschlichen Verbrechers darauf ab, eine Bestrafung (*in effigie*) auszusprechen und durchzuführen sowie die vormaligen Machthaber noch einmal in aller Öffentlichkeit zu delegitimieren. Der geordnete Vorgang soll dem ganzen Prozess den Anschein eines rechtmäßigen Ablaufs geben: „Die Zerstörung von Monumenten, die 'von der Geschichte überholt wurden', erlangt somit die 'Bedeutung eines historischen Strafvollzugs'".[242] Anhand des Umgangs der Berliner Behörden mit dem Lenin-Monument in Berlin-Friedrichshain lässt sich dieser Vorgang anschaulich exemplifizieren. Nachdem das Standbild den Fall der Mauer und den gesellschaftlichen Umwandlungsprozess unbeschadet überstanden hatte, geriet es plötzlich in das Blickfeld der Berliner Behörden. Kontrovers wurde Grenzen überquerend der mögliche Abriss diskutiert. Letztendlich fiel die Entscheidung im Berliner Senat für die Demontage. Der Verlauf des Entscheidungsprozesses veranschaulicht, dass der politische und rechtliche Weg durch die Instanzen den Vorgang legitimieren sollte. Das Beispiel verdeutlicht des Weiteren, dass stehengebliebene Denkmäler nach dem Umbruch losgelöst von ihrem historischen Dokumentarwert und ihrer Bedeutung als Kunstobjekt nur noch auf ihre politische Dimensionsebene reduziert werden.[243] Ein anderes Alibi-Argument bei der Entfernung dieser Bauten war vor allem in der DDR der Vorwurf eines schlechten Bauzustandes, der den Abriss unvermeidlich machen würde.[244]

[242] Trimborn, Jürgen. S. 297.

[243] Kritiker des Lenin-Monuments und seines Verbleibs im öffentlichen Raum sprachen dem Bauwerk einen geringen Kunstwert zu und die Denkmalwürdigkeit ab. Dadurch, dass die Statue auf der offiziellen Liste der Berliner Denkmäler geführt war, konnte diese nicht einfach abgerissen, sondern musste zunächst von der Liste gestrichen werden. Vgl. Mittig, Hans-Ernst. S. 42f.

[244] „Diese Abrisse waren keineswegs immer durch den Bauzustand gerechtfertigt, sie waren politische Demonstrationen bilderstürmerischen Charakters und gegen die Geschichte vor allem Preußens gerichtet. Diese ausgesprochen denkmalfeindliche Zielstellung wirkte sich auch im Lande aus, wo nicht nur eine Vielzahl von Landschlössern verschwand oder ungepflegt dem Verfall preisgegeben blieb, sondern Bauten wie das Potsdamer Stadtschloß und die Garnisonskirche noch in

Während der geplante Sturz primär durch das Ziel der offiziellen Abrechnung und Delegitimierung angetrieben wird, ist das Movens der spontanen Aktion zunächst einmal die Emotionalität der Menschen und die plötzliche Möglichkeit, diese ausbrechen lassen zu können. Der bürokratische Weg thematisiert die überwundene Geschichtsepoche bewusst, verschafft ihr Aufmerksamkeit und versucht sie dadurch in die Vergangenheit und in das anschließende Vergessen zu verbannen:

„Die Zerstörung des Denkmals ist wie die Setzung immer eine ganz konkrete visuelle Manifestation eines politischen Urteils, das die vorangegangene Herrschaftsform als historisch und politisch falsch erscheinen lassen will."[245]

Dagegen strebt die affektive Aneignung im Sinne eines „aus dem Auge, aus dem Sinn" nach Verdrängung der Geschichte: „Die Last der Geschichte wird emphatisch beseitigt."[246]

Beide Wege haben das gleiche Ziel: Durch die Zerstörung des Denkmals sollen die alten Machthaber symbolisch aus dem öffentlichen Raum vertrieben werden und damit eingehend eine Delegitimierung erfolgen. Die Bereinigung der Plätze und Straßen einer Stadt soll den Weg für das Vergessen der Vergangenheit bereiten und Raum schaffen für die Bildung einer neuen Gesellschaftsordnung. Wenn der affektive Sturz von Denkmälern ausbleibt, so wie es zum Ende der DDR der Fall war, scheinen die neuen Regierenden das starke Bedürfnis zu empfinden, diesen Vorgang im Nachhinein zu vollziehen, um so ihren Herrschaftsanspruch in den Köpfen der Menschen zu festigen. Große gesellschaftliche Umbrüche benötigen zwingend den Sturz von Bildnissen der vorherigen Eliten. Nur durch die *damnatio memoriae* der direkt vorhergehenden Geschichtsepoche und ihrer Legitimierungssymbole ist die erfolgreiche Durchsetzung des eigenen Machtanspruchs möglich.

---

den sechziger Jahren gesprengt wurden und an ihrer Stelle Neubauten entstanden, die den historischen Ort nahezu unauffindbar machten." In: Berichte der ehemaligen Arbeitsstellen des Instituts für Denkmalpflege der DDR. In: *Deutsche Kunst und Denkmalpflege*. 49, 1 (1991). S. 17.

[245] Trimborn, Jürgen. S. 300.

[246] Unfried, Berthold. Denkmäler des Stalinismus und 'Realsozialismus' zwischen Bildersturm und Musealisierung. S. 22.

V. Denkmalsturz im gesellschaftlichen Schwellenzustand

V.1. Rituelle Elemente beim Denkmalsturz

V.1.1. Denkmalbau und Denkmalsturz

Autorität, Herrschaft und die Verfügungsgewalt über den öffentlichen Raum sind eng miteinander verknüpft. Erst die Visualisierung durch Symbole – zum Beispiel in Form von Denkmälern – ermöglicht es den Machthabern, ihre Ideologien sowie ihr Normen- und Wertesystem für alle Mitglieder der Gesellschaft zu konkretisieren. Viele Systeme besitzen quasi-religiöse Züge und legitimieren ihren Kult durch immer wiederkehrende Rituale, denn in ihrem Wesen liegt es, dem Individuum Orientierung zu geben und ein Gefühl von Stabilität zu vermitteln:

„Rituale bzw. rituelle Formen der Orientierung gehören zum Alltag. Rituale bzw. rituelle Handlungsorientierungen, die fraglos gegeben sind, also Alltag darstellen, wirken zum einen durch Symbole der Vergegenständlichung zum anderen wird darin ein Wissen über die gesellschaftliche Welt in emblematischer Gestalt ausgedrückt."[247]

Rituale eignen sich daher, Herrschaft und Autorität zu stabilisieren. Durch die Teilhabe des Einzelnen an diesen Vorgängen findet eine Identifizierung mit dem politischen System statt, welches nur in symbolischer Form fassbar ist. Dabei spielen Authentizität und Inszeniertheit keine Rolle, denn sie werden als real empfunden:
„Rituale werden als Realität erfahren und gelebt. Es ermöglichen Embleme und Symbole, dass das Ich sich identifizieren kann mit bestimmten Gemeinschaften, denen es sich zurechnet. Die Handelnden stehen dabei unwillkürlich in einem Kontext der sozialen Ungleichheit, d.h. sie gehören zu einer exklusiven Gemeinschaft, die sich gegen andere abgrenzt. Die Handelnden drücken durch ihre Alltagsrituale aus, dass sie sich einer bestimmten Sekte/Gruppe/Gemeinschaft zugehörig fühlen."[248]

---

[247] Gerhardt, Uta. Die zwei Gesichter des Rituals. Eine soziologische Skizze. In: Dietrich Harth, Jasper Schenk (Hrsg.). Ritualdynamik. Kulturübergreifende Studien zur Theorie und Geschichte rituellen Handelns. Heidelberg 2004. S. 52.
[248] Ebd.

Die Exklusivität des Rituals ermöglicht es dem Einzelnen, Teil einer eingeschworenen Gemeinschaft zu werden, die sich jedes Mal auf ein Neues konstituiert. Der Soziologe Hans-Georg Soeffner legte 1989 genau diesen Effekt dar und wies auf den zugleich ausschließenden Charakter des Rituals hin:

> „Embleme sind bezogen auf eine Interpretationsgemeinschaft. Sie erhalten diese Gemeinschaft, der sie immer wieder das gemeinsame Orientierungssytem vor Augen führen. Sie definieren durch die Interpretationsfähigkeit die Außenstehenden und Ungebildeten. […] Geschlossene emblematische Systeme reklamieren eine bestimmte Ordnung, erinnern an das verbindliche Auslegungsmuster und dienen als Grenzmarkierung einer Gemeinschaft nach innen – Zugehörigkeit – und nach außen – Ausschluss."[249]

Symbolsysteme, wie zum Beispiel Denkmäler, sind ein Mittel, der Umwelt einen Sinn zu geben und die Gesellschaft zu ordnen. Dafür wird die Welt mit einer konstruierten symbolischen Version der Realität gefüllt und dadurch die politische Machthierarchie gekennzeichnet: „Durch Symbolik wird kenntlich gemacht, wer die Mächtigen und wer die Schwachen sind und durch Manipulation der Symbole stärken die Mächtigen ihre Autorität."[250] Denn politische Realität wird erst durch symbolische Mittel geschaffen.[251]

Um zu funktionieren, muss sich die Politik daher immer symbolischer Komponenten bedienen, ansonsten findet sie keinen Anklang bei den Mitgliedern der Gesellschaft. Erst die Symbolisierung und Darstellung im öffentlichen Raum verleitet Menschen dazu, den von den Herrschenden vorgegebenen Richtlinien zu folgen und sich mit ihnen zu

---

[249] Soeffner, Hans-Georg. Emblematische und symbolische Formen der Orientierung. In: Ders. Auslegung des Alltags – Der Alltag der Auslegung. Frankfurt a.M. 1989. S. 167.

[250] Kertzer, David I. Ritual, Politik und Macht. In: Andrea Belliger, David J. Krieger (Hrsg.). Ritualtheorien. Ein einführendes Handbuch. Opladen, Wiesbaden 1998. S. 367.

[251] „Ein Symbol zu schaffen oder noch häufiger, sich selbst mit einem populären Symbol zu identifizieren, kann ein starkes Mittel sein, um Macht zu gewinnen und zu bewahren, denn das Kennzeichen von Macht ist die Konstruktion von Realität." In: Ebd. S. 368.

identifizieren.[252] Visualisierungen wie Denkmäler sind daher keine bloßen Außendarstellungen:

> „Das Symbolische ist nicht eine Restdimension beabsichtigter realer Politik, noch weniger ist es eine substanzlose Leinwand, auf die reale Ergebnisse bleich und passiv projiziert werden.“

Stattdessen sind sie als konkrete Mittel der Herrschaftsausübung zu sehen: „Das Symbolische ist reale Politik, die in einer speziellen und meist äusserst [sic!] wirkmächtigen Art artikuliert wird.“[253] Symbole lösen soziales Handeln aus und definieren das Selbstempfinden eines Individuums innerhalb einer Gruppe. Erst durch sie wird der Einzelne für die Interessen der Gemeinschaft sensibilisiert und motiviert. Der Politikwissenschaftler Murray Edelman wies in seiner wegweisenden Arbeit *Politik als Ritual* darauf hin, dass Politik selbst als Symbol zu sehen sei. Die politische Welt sei eine „Parade abstrakter Symbole“, die stark mit ideologischen und gefühlsmäßigen Assoziationen verbunden sei, weswegen politische Ereignisse willkommene Objekte seien, an denen man seine privaten Gefühle auslässt.[254] In ihrer Rolle als Verweisungs- und Verdichtungssymbol seien sie ein Werkzeug, dass nur wenigen Mächtigen zu Verfügung stehe:

> „Die Politik taugt nicht zum Träger dieser Sorgen und Sehnsüchte, wenn sie lediglich ein Werkzeug oder Instrument wäre, das zu unserem Vorteil zu handhaben wir alle die Macht und das Wissen hätten. Für ihre Wirksamkeit als Symbol ist entscheidend, dass sie fern, distanziert und unnahbar ist.“[255]

Die große Mehrheit der Menschen wird durch sie von der Überprüfung der vorgegebenen Wahrheiten abgehalten: „Wo Verdichtungs-

---

[252] „Der Staat ist unsichtbar; er muss personifiziert werden, bevor er gesehen werden kann, er muss symbolisiert werden, bevor er geliebt werden kann, vorgestellt werden, bevor er betrachtet werden kann.“ Zit. nach: Ebd. S. 369.

[253] Zit. nach: Ebd. S. 368. Dies ist auch der Grund, warum Erscheinungen wie die Nation als konkret greifbare Gegenstände begriffen werden, obwohl sie es gar nicht sind. Die symbolische Darstellung wird nicht nur als Stellvertretung gesehen, sondern als reale Manifestierung eines eigentlich abstrakten Gebildes.

[254] Edelman, Murray. S. 4f.

[255] Ebd. S. 5.

symbole im Spiel sind, unterbleibt die dauernde Überprüfung der erfahrbaren Wirklichkeit."[256] Rituale, wie der Bau und der Sturz von Denkmälern, spielen daher eine wichtige Rolle in der Bündelung von Emotionen möglichst vieler Menschen zu einem bestimmten Zweck hin. Zum einen ist das Denkmal selbst als ein Symbol zu sehen und zum anderen ist der Akt der Errichtung beziehungsweise des Sturzes ebenfalls ein stark symbolisch aufgeladener Vorgang. Die rituell inszenierte Zerstörung bindet die Teilnehmer durch die gemeinsame Erfahrung an ein geteiltes Ziel.
In dem Wesen des Rituals liegt es, die Aufmerksamkeit der Teilnehmer auf einen gewünschten Aspekt des gesellschaftlichen Lebens zu lenken. So schrieb die Soziologin Barbara Myerhoff 1977 über das Ritual:

„Das auffallendste Merkmal des Rituals besteht in seiner Funktion, ein Rahmen zu sein. Das Ritual ist eine absichtliche und künstliche Abgrenzung. Im Ritual wird ein Stück Verhalten oder Interaktion, ein bestimmter Aspekt des sozialen Lebens, ein Moment in der Zeit ausgewählt, fixiert und ihm besondere Aufmerksamkeit geschenkt."[257]

Es ist daher als ein kulturell standardisiertes Handeln mit symbolischem Charakter zu sehen, sein Ziel ist die Beeinflussung menschlicher Emotionen und die Einordnung des Vorgangs in eine übernatürliche, mythische Welt. Durch die vermeintliche Verbindung mit einem konstruierten Mythos erhält die Errichtung beziehungsweise der Sturz eine Legitimierung, die über die reale Politik hinausgeht. Der rituelle Vorgang gibt dem gesamten Ablauf den Anschein determinant und deswegen historisch unvermeidlich zu sein. Émile Durkheim wies darauf hin, dass der religiöse Anklang im Ritual die Welt in zwei Klassen teile: zum einen in das Heilige und zum anderen in das Profane. Durch die rituelle Überhöhung werde den Gruppenmitgliedern Verhaltensregeln vermittelt, die vorgeben, wie der Einzelne sich in

---

[256] Ebd. Edelman versteht Verweisungssymbole als eine einfache Methode, um auf objektive Elemente in Gegenständen und Situationen zu verweisen. Sie sprechen die Logik des Rezipienten an und werden von allen in gleicher Weise erfasst. Verdichtungssymbole würden dagegen Emotionen erwecken, die mit einer bestimmten Situation verbunden sind.
[257] Zit. nach: Goethals, Gregor T. S. 304.

Anwesenheit des Heiligen, in diesem Falle gegenüber einem Denkmal, zu verhalten habe.[258] In dem rituellen Umgang mit einem Monument zeigt sich die Gesellschaftsvorstellung der Machthaber, denn ebenso wie das Bauwerk selbst verbindet ein Ritus die Vergangenheit – durch den immer wiederkehrenden Charakter – mit der Gegenwart – durch die Erneuerung – und der Zukunft: „Im Darstellen von dauerhaften und grundlegenden Mustern verbindet das Ritual Vergangenheit, Gegenwart und Zukunft und hebt Geschichte und Zeit auf."[259] Sie erzeugen, worauf auch schon Murray Edelman hinwies, ein Gefühl von Gemeinsamkeit und blenden unliebsame Tatsachen aus:

> „Das Ritual ist eine motorische Aktivität, bei der sich die Beteiligten symbolisch zu einer gemeinsamen Unternehmung zusammenfinden. Es lenkt ihre Aufmerksamkeit in zwingender Weise auf ihre gemeinsame Verbundenheit und die gemeinsamen Interessen. Damit fördert das Ritual den Konformismus und erzeugt zugleich Befriedigung und Freude über diesen."[260]

Gerade deswegen sind Rituale und die an sie gebundenen Mythen besonders wirkmächtig und werden bevorzugt zur Konditionierung der Massen und somit zur Herrschaftsstabilisierung eingesetzt:

> „Mythen konditionieren die Öffentlichkeit auf die wirkmächtigen Symbole, die von den Politikern verwendet werden. Mythen bestätigen den Status quo in Zeiten der Stabilität und zeichnen den Weg vor in Zeiten von Spannungen. Im alltäglichen Geschäftsleben der Politik setzen Mythen die Begriffe für die meisten politischen Debatten. Wenn mythische Themen und mythenbezogene Sprache vom politischen Diskurs ausgeschlossen werden, bleibt sehr wenig an Substanz übrig. Die meisten politischen Kontroversen kreisen um die Meinungsverschie-

[258] Vgl. Kertzer, David I. S. 372.

[259] Zit. nach: Ebd. S. 374.

[260] Edelman, Murray. S. 14. Auf die gemeinschaftsstiftende Funktion des Rituals wies schon 1964 der Soziologe Pocock hin: „Da aber Rituale non-verbal sind, haben sie kein Gegenteil. Sie können deshalb dazu verwendet werden, Harmonie von Wollen und Handeln zu schaffen, ohne Widerspenstigkeit zu provozieren; wenn ein Mensch sich in der Lage befindet seine Rolle im li (Ritual) zu spielen und dies zudem – wie es de facto sein sollte – in Harmonie mit andern –, kommt ihm dies nicht mehr in den Sinn, wie es auch einem Tänzer nicht in den Sinn kommt, sich in einem anderen Rhythmus zu bewegen als jenem, der vom Orchester vorgegeben wird." Zit. nach: Kertzer, David I. S. 379.

denheit darüber, welcher Mythos auf ein bestimmtes Problem angewandt werden soll."[261]

Kaum ein anderer Vorgang ist so wie das Ritual in der Lage, unterschiedliche Ideen zusammenzufassen und den Beteiligten zu vermitteln. Durch die Teilnahme akzeptiert der Einzelne die mit dem Ritus verbundenen Werte und Ideale und grenzt sich automatisch von all jenen ab, die dies nicht tun: „Jeder Akt ist zugleich ein Akzeptieren und (nicht oder) Ablehnen… Identifikation ist der Gegenpol zur Trennung."[262] Erst die sozialen Rituale ermöglichen diesen Vorgang, wie Mary Douglas aufzeigte.[263]
In der Betrachtung der jeweiligen Vorgänge bei der Denkmalerrichtung und beim Denkmalbau offenbaren sich interessante Parallelen. So scheint es, als ob beide Ereignisse von ähnlichen Ritualen begleitet werden. Bei der Errichtung des Kaiser-Wilhelm-Denkmals auf dem Kyffhäuser 1896 gab es für die Einweihungszeremonie einen fest geplanten Ablauf. Das im Gedenken an die Schlacht von Waterloo (1815) und den Einzug Wilhelms I. in Berlin nach dem deutsch-französischen Krieg (1871) errichtete Monument fand seine feierliche Enthüllung unter der Anwesenheit von unzähligen Zuschauern. Zu Beginn der Einweihungsfeier fand eine große Parade mit dem Ziel des Denkmalstandortes unter den Augen 10.000er Zuschauer statt. Ein Großteil der anwesenden Menschen nahm jedoch nur eine Statistenrolle ein, sie sollten lediglich Spalier für die Politiker und Fürsten stehen:

[261] Bennett, W. Lance. Myth, ritual and political control. In: *Journal of Communication* 30 (1980). S. 168.
[262] Edelman, Murray. S. 11.
[263] „Soziale Rituale schaffen eine Realität, die ohne sie nicht existieren würde. Es ist gut möglich, etwas zu kennen und dann Worte dafür zu finden. Aber es ist unmöglich, soziale Beziehungen ohne symbolische Akte aufrecht zu erhalten." Zit. nach: Kertzer, David I. S. 377. Durch die Anerkennung dieser Werte durch den Einzelnen konditioniere sich, so der Soziologie Goffmann, jeder selbst und achte fortan darauf, dass durch das Ritual umgebene Objekt in angemessener Weise zu behandeln.

„Auf dem Festplatz wurden jedoch nur Kaiser, Bundesfürsten, Vertreter der Schwarzburger Familie, Reichs-, Landes- und Lokalpolitiker zugelassen [...] Die angereisten 16.811 Vereinsmitglieder [Anm. d. Verf.: der Veteranen- und Kriegervereine] standen Spalier auf den Zufahrtswegen".[264]

Dem Festzug folgten mehrere Reden unmittelbar vor dem Denkmal, die zum einen Kaiser Wilhelm I. als auch die Kriegervereine sowie die für die Nation gefallenen Soldaten würdigten.[265] Den Vorrednern folgte eine kurze Ansprache Kaiser Wilhelms II., der das Denkmal entgegennahm und offiziell einweihte.[266] Als rituelle Elemente finden sich in diesem Akt der Festzug, die Reden sowie die feierliche Eröffnung. Wenn man dem beispielweise die Ereignisse rund um das Eisenmonument vor dem Mainzer Stadtgerichtshaus 1792 gegenüber stellt, fallen einige bemerkenswerte Parallelen auf. So begann auch hier die Prozedur mit einer Parade, die vor dem Standbild endete. Dem folgten mehrere Reden führender Jakobiner, die erläuterten, warum das Denkmal entfernt werden müsste, anschließend wurde der Abriss mit symbolischen Hammerschlägen durch einen der Redner begonnen. Ebenso wie bei der Eröffnung des Kaiser-Wilhelm-Denkmals nahmen die anwesenden Menschen nur eine Zuschauerrolle in dem Vorgang ein, zwar durften sie an dem Festzug teilnehmen, jedoch war ihre Rolle anschließend nur eine passive.[267] Auch andere Beispiele, wie der Sturz des Stalin-Monuments in Budapest 1956, weisen ähnliche rituelle Elemente auf. Die Menschenmasse sammelte sich auf dem Platz, auf dem das Denkmal stand (Festzug), dem folgten mehrere Reden von Studenten und anschließend fand der Sturzversuch statt. Es lässt sich vermuten, dass Denkmalstürze in der Regel nach einer ähnlichen,

[264] Mai, Gunther. „Für Kaiser und Reich". Das Kaiser-Wilhelm-Denkmal auf dem Kyffhäuser. In: Ders. (Hrsg.). Das Kyffhäuser-Denkmal 1896-1996. Ein nationales Monument im europäischen Kontext. Köln u.a. 1997. S. 169.
[265] Ebd. S. 171f.
[266] Ebd. S. 173.
[267] Zum genauen Ablauf und für weitere Details siehe: Scheel, Heinrich. S. 105-109. Der Einbezug der unbeteiligten Passanten oder passiven Zuschauer hat in der Geschichte der Denkmalstürze oft stattgefunden. Für Betrachter von außen mag die Menschenansammlung als eine spontane Kundgebung erscheinen, die den Vorgang als Willen des Volkes zum Ausdruck bringt. Eine große Anzahl an Teilnehmern legitimiert scheinbar den Denkmalsturz.

wenn auch nicht immer identischen Reihenfolge von rituellen Handlungen stattfinden. Ältere Beispiele scheinen nachfolgenden Ereignissen als Anleitung für den Ablauf des Sturzes zu dienen.

V.1.2. Der Denkmalsturz als Teil eines Übergangsrituals

Der Akt des Denkmalsturzes ist ein sehr stark ritualisierter Vorgang, dessen einzelne Elemente sich zwar nicht immer, jedoch sehr oft wiederkehrend in den einzelnen Fällen beobachten lassen. Dahinter steht das Wissen um die Wirkungsmacht und vor allem die Bedeutung des Sturzes. Nur die Verbreitung dieses Wissens ermöglicht es, die Zerstörung eines Monuments als Werkzeug in der Umgestaltung der gesellschaftlichen Ordnung einzusetzen, ohne dieses würde der Akt nur als pure Zerstörungswut gedeutet werden:

> „Ein Denkmalsturz als rituelle Handlung kann nur in einem kulturellen Umfeld wirkungsvoll sein, das den Sinn dieser symbolischen Handlung versteht und akzeptiert. In einem Umfeld dagegen, in dem in einem Denkmal vor allem ein Kunstwerk gesehen wird, d.h. das Abbild von Absicht und Persönlichkeit eines Künstlers, wird dem Bildersturm oder dem Denkmalsturz verständnislos begegnet und die Handlung verurteilt. Dieser Auffassung zufolge ist das künstlerische Werk autonom und unabhängig davon, ob der Gegenstand der Darstellung Beziehungen zu politischen Ideologien oder sakralen Riten aufweist."[268]

Doch nicht nur vom Vorgang des Sturzes selbst kann man als Ritual sprechen. Im Sinne Arnold van Genneps *Les rites de passage* und Victor Turners Weiterentwicklung dieser Ideen, kann der gesamte Ablauf auch als ein Übergangsritual verstanden werden. Van Gennep definierte Übergangsriten als „Riten, die einen Orts-, Zustands-, Positions- oder Altersgruppenwechsel" begleiten.[269] Der Begriff ist in Bezug auf die Stellung eines Individuums innerhalb einer Gesellschaft und die einzelnen Phasen seines Lebenslaufes entstanden, doch lässt sich eine Ähnlichkeit zu der Funktion von Denkmälern in Umbruchszeiten nur schwer übersehen. So kennzeichnet der Denkmalsturz die Trennungs-

---

[268] Sinkó, Katalin. S. 72.

[269] Zit. nach: Turner, Victor W. Liminalität und Communitas. In: Andréa Belliger, David J. Krieger (Hrsg.). Ritualtheorien. Ein einführendes Handbuch. Opladen, Wiesbaden 1998. S. 251.

phase von dem alten System – das symbolische Verhalten verweist auf die Loslösung der Gruppe von der alten Gesellschaftsstruktur – und mündet in der Schwellenphase, die von „Ambiguität gekennzeichnet [ist,] ein […] kultureller Bereich, der wenig oder keine Merkmale des vergangenen oder zukünftigen Zustands aufweist.“[270] Zu diesem Zeitpunkt gibt es keine gesicherte oder keine als sicher empfundene Macht innerhalb der Gesellschaft. Mit dem alten System wurde zwar symbolisch durch die Zerstörung der Zeichen abgerechnet, jedoch hatten die neuen Herrscher noch keine Gelegenheit, ihre Macht durch eigene Zeichensetzung zu festigen – der Ausgang der Ereignisse ist daher ungewiss. So lässt sich der Sturz des Stalin-Monuments durch die Menschen 1956 in Budapest als Trennungsphase innerhalb des gewollten gesellschaftlichen Umbruchs deuten. Die Schwellenphase sind die Bürgerkriegstage im Anschluss daran, in denen es den Aufständischen nicht gelang, ihren Machtanspruch durchzusetzen. Erst die Errichtung eines Denkmals und somit die Besetzung des öffentlichen Raumes hätte dies leisten können. In diesem Fall kam es daher nicht zu einer Angliederungsphase im Turnerschen Sinne. Zum besseren Verständnis ließe sich dieser Begriff in „Identifikationsphase“ modifizieren. Durch das Durchschreiten aller Phasen – Angriff auf den Machtanspruch der alten Eliten durch Denkmalsturz, Ringen um die Herrschaft und Durchsetzung der Gewalt durch Denkmalerrichtung – findet auf einem ritualisierten Weg ein Übergang von einer Gesellschaftsordnung in die andere statt. Die Teilnehmer dieses Übergangsrituals können sich im Anschluss mit dem neuen System identifizieren und in seinem Sinne, mit seinen Idealen und Werten, leben; sie vollziehen gleichsam einen Zustandswechsel. Während der reine Zerstörungsakt auch als pure Destruktion gedeutet und verurteilt werden und deswegen nur ein Teilstück des symbolischen Übergangs von einer Herrschaft zur anderen darstellen kann, gibt die anschließende Denkmalerrichtung dem gesamten Vorgang eine scheinbare Legitimierung: „Denkmalsturz drängt zur Denkmalerrichtung. Aus der puren Destruktion lässt sich kein positives, identitätsstiftendes Zeichensystem gewinnen.“[271] Erst durch den abschließenden Akt der Montage eines neuen Monuments, welches die neuen, aktuellen Werte der Gesell-

[270] Ebd.
[271] Menkovic, Biljana. S. 65.

schaft darstellt, wird der Umbruchsprozess abgeschlossen und es den einzelnen Gruppenmitgliedern ermöglicht, sich damit zu identifizieren. So wurden in den deutschen linksrheinischen Gebieten nach der Französischen Revolution Denkmäler, die für den monarchistischen Staat standen, gestürzt und durch Freiheitsbäume ersetzt. In manchen Städten und Regionen führte dies in den Folgejahren zu einer regelmäßigen Wiederholung des gesamten Ablaufs, um die aktuelle Herrschaftsform zu sichern. Auch kam es während der Französischen Revolution in Frankreich selbst zu schnellen provisorischen Denkmalerrichtungen direkt nach dem Sturz der alten. Oftmals wurden gefallene Helden der Revolution dargestellt, die eine Vorbildfunktion für die übrige Bevölkerung einnehmen sollten. Volkskundler wie Klaus Beitl oder Gottfried Korff verwendeten für die Ereignisse in der DDR 1989 den Begriff der *Rite de passage*. So hätte sich die Volksbewegung bestimmter „Formalitäten" bedient, die man im Sinne Arnold van Genneps als Techniken und Riten „magisch-religiöser Art" sehen kann, die unweigerlich Bestandteil von Übergangsritualen seien.[272] Die Überschreitungen von „Ort, Zeit und politisch-gesellschaftlichem Status nach dem Strukturmodell der Trennungs-, Schwellen- und Angliederungsriten" seien, so Beitl, zu dieser Zeit gegeben gewesen.[273] Gottfried Korff sieht gerade in den spontanen Feierlichkeiten an und auf der Berliner Mauer nach der irrtümlichen Verkündung der Reisefreiheit durch die DDR-Behörden den Beginn eines Übergangsrituals. Zu diesem Zeitpunkt des Schwellenzustandes seien nur „wenig[e] oder keine Merkmale des Vergangenen oder eines zukünftigen Zustands erkennbar"[274] gewesen, da hier die „Vergangenheit [durch die Zerstörung der Mauer] negiert, aufgehoben oder beseitigt wurde, die Zu-

---

[272] „Die Volksbewegung zur Selbstbefreiung hat sich 'Formalitäten' des Protestes – Begehungen, Handlungen, Gesten, Bilder, Zeichen, Symbole, Texte und Parolen – bedient, die man mit Arnold van Gennep als Techniken/ Riten 'magisch-religiöser Art' benennen kann." In: Beitl, Klaus. Grenzüberschreitungen. In: *Österreichische Zeitschrift für Volkskunde.* 93 (1990). S. 2.

[273] Ebd. S. 2f.

[274] Korff, Gottfried. S-Bahn-Ethnologie. Acht Bemerkungen zum Berliner Alltag nach Öffnung der Mauer unter Einschluss einiger Überlegungen zur Musealisierung des Alltags aus Anlaß eines Kolloquiums zum 100jährigen Bestehen des Museums für Volkskunde, veranstaltet von den Staatlichen Musuen zu Berlin (DDR). In: *Österreichische Zeitschrift für Volkskunde.* 93 (1990). S. 22.

kunft aber noch nicht begonnen hatte."[275] Die Berliner Mauer ist nur ein Beispiel für die zahlreichen symbolischen Veränderungen, die sich im Zuge der Wiedervereinigung in der DDR abspielten. Neben der Umbenennung zahlreicher Straßen und Plätze wurden viele der alten Denkmäler, wie das Lenin-Monument, entfernt und teilweise durch neue ersetzt. Nach und nach wurden die alten Symbole der SED-Herrschaft und des sozialistischen Systems unter mehr oder weniger starkem Protest entfernt (Trennung), nach Ersatz gesucht und schließlich neue Identifikationsangebote durch die Errichtung von Denkmälern unterbreitet (Angliederung).
Diese durch die Geschichte immer wiederkehrende Reihenfolge von Sturz und der kurz darauf folgenden Errichtung eines neuen Monuments passt auch zu Arnold van Genneps Thesen bezüglich der Übergangsrituale. Ihre Aufgabe sei es nämlich, das

„Individuum aus einer genau definierten Situation in eine andere, ebenso genau definierte hinüberzuführen. Da das Ziel das gleiche ist, müssen auch die anderen Mittel es zu erreichen, zwangsläufig wenn nicht in den Einzelheiten identisch, so doch zumindest analog sein."[276]

Mögen Schwellenzustände wie die Französische Revolution und die Wiedervereinigung Deutschlands auf den ersten Blick nur schwer vergleichbar sein, es fällt dennoch auf, dass beide Ereignisse – sowie auch viele andere Umbruchszeiten in der Geschichte – von ähnlichen Ritualen begleitet wurden und Parallelen aufweisen, die den Bezug zu van Genneps *Rites des passage* zulassen. Es scheint sich bei diesen rituellen Formen um im kulturellen Gedächtnis der Menschheit fest verankerte stereotype Handlungsschablonen zu handeln, die in Krisenzeiten immer wieder zum Einsatz kommen: „Der Zweck [des Übergang-] Rituals liegt darin, einen Bezug, einen Transit zu einem anderen, zu einer (neuen) Identität, Sozialität, Gott etc. herzustel-

[275] Korff, Gottfried. Rote Fahnen und Bananen. Notizen zur politischen Symbolik im Prozeß der Wiedervereinigung von DDR und BRD. In: *Schweizerisches Archiv für Volkskunde.* 86 (1990). S. 156.
[276] Zit. nach: Herlyn, Gerrit. Ritual und Übergangsritual in komplexen Gesellschaften. Sinn- und Bedeutungszuschreibungen zu Begriff und Theorie. Münster, Hamburg, London 2002. S. 21.

len."[277] Das Übergangsritual hilft dabei, ist der „rote Faden", an denen sich die jeweilige Gesellschaft orientieren kann, sich von der alten Herrschaft und ihren Wertvorstellungen zu lösen und Platz zu machen für etwas Neues. Gerade der ritualisierte Ablauf des Denkmalsturzes hebt die Loslösung vom Alten hervor und ermöglicht es dem Einzelnen, sich dieses Faktes bewusst zu werden: „Rituale rahmen spezifische Praktiken im alltäglichen Leben so, dass sie als etwas Außerordentliches erlebt werden können." Es hilft dem Individuum, die Krisensituation zusammen mit seiner Gruppe zu überwinden:

> „Rituale sind vor allem dann erforderlich, wenn Gemeinschaften Krisensituationen durchleben und Differenzerfahrungen machen. In diesem Zusammenhang bilden Rituale einen relativ sicheren, homogenen Ablauf".[278]

V.2. *Damnatio memoriae* durch die Schaffung einer neuen kollektiven Identität

Der ritualisierte Ablauf des Übergangs von dem einen in den anderen Gesellschaftszustand erfolgt nicht nur aufgrund eines Sicherheitsbedürfnisses in den immer gleichen Bahnen. Der scheinbar fest institutionalisierte Vorgang des Zerstörens und des anschließenden Aufbauens hat eine wichtige Funktion bei der Entwicklung einer neuen Identität der einzelnen Gruppenmitglieder und der Gruppe als solcher inne. Die mit dem Denkmalsturz verbundene *damnatio memoriae* des Alten – dem Versuch der visuellen und symbolischen Auslöschung nun unerwünschter Teile der konstruierten Tradition der Gruppe – macht erst Platz für etwas Neues. Der Zerstörungsakt wird daher in vielen Schwellensitua-tionen als zwingend notwendig empfunden, was die nachträglichen Denkmaldemontagen in der ehemaligen DDR belegen. Der Umgang mit ihren Denkmälern sagt viel über die Zukunftsvorstellungen einer Gruppe aus. So haben doch der Sturz und die damit verbundene Entfernung großen Einfluss auf das Selbstbild und somit

---

[277] Wulf, Christoph; Zirfas, Jörg. Performativität, Ritual und Gemeinschaft. Ein Beitrag aus erziehungswissenschaftlicher Sicht. In: Dietrich Harth, Jasper Schenk (Hrsg.). Ritualdynamik. Kulturübergreifende Studien zur Theorie und Geschichte rituellen Handelns. Heidelberg 2004. S. 75.
[278] Ebd.

auch auf die Identität der Gemeinschaft.[279] In ihrer Funktion als „Erinnerungszeichen", so der etymologische Ursprung des Begriffs, sind sie Orientierungspunkte der Erinnerung: „Sie vergegenwärtigen Vergangenheit und strukturieren das kollektive Gedächtnis, indem sie der Gegenwart eine bestimmte Vergangenheit zuordnen."[280] Oder um es mit den Worten von Alois Riegls auszudrücken: Gewollte Denkmäler sind als intentionale Zeugnisse des historischen Prozesses zu sehen, sie drücken einen willentlich gestifteten Gedächtnisinhalt aus.[281] Gestiftete Monumente im öffentlichen Raum sind ein wesentlicher Teil des Gedächtnisrahmens einer Gesellschaft und tragen zur Herausbildung der Identität des Einzelnen und der der gesamten Gruppe bei.[282] Diese Rahmen würden, so Maurice Halbwachs, auf jedes Individuum der Gesellschaft einwirken und „die Imperative der Gesellschaft der Gegenwart"[283] enthalten, die Wahrnehmungen, Wertevorstellungen und kollektive Selbstbilder steuern. Erinnerung sei daher als „Umbildungsarbeit an der Vergangenheit" zu sehen, da die „Einbildungskraft selbst im Moment des Reproduzierens der Vergangenheit unter dem Einfluß des gegenwärtigen Sozialmilieus bleibt"[284]: Das heißt, dass die Vergangenheit immer aus den aktuellen Wünschen und Vorstellungen der Gegenwart geformt und erinnert wird. Auch der Philosoph George Herbert Mead ging von der Konstruiertheit der Vergangenheit aus:

---

[279] „Die Beseitigung von Denkmälern ist ambivalent. Sie kann nicht nur den befreienden Aspekt eines Sturzes belastender Idole haben, sondern auch jenen kollektiver Verdrängung der Vergangenheit. Sie stehen dem gesellschaftlichen Bedürfnis nach Vergessen bestimmter Vergangenheiten in ihrer Erinnerungsfunktion entgegen, die sie weithin sichtbar dokumentieren." In: Unfried, Bert-hold. S. 17.

[280] Ebd. S. 18.

[281] Vgl. Riegl, Alois. S. 9f.

[282] Der Begriff des „Gedächtnisrahmens" wurde 1925 von Maurice Halbwachs in seinem Werk *Das Gedächtnis und seine sozialen Bedingungen* entwickelt. Halbwachs geht davon aus, dass sämtliche Erinnerungen immer unter dem Druck der Gesellschaft entstehen würden und der Einzelne sich nicht davon freisprechen könne: „Wir glauben aber, daß der Geist seine Erinnerungen unter dem Druck der Gesellschaft rekonstruiert." In: Halbwachs, Maurice. Das Gedächtnis und seine sozialen Bedingungen. Frankfurt a.M. 1985. S. 159.

[283] Ebd. S. 158.

[284] Ebd. S. 156.

„der Wert und die Bedeutung jeder Beschreibung der Geschichte [liegt] in der Interpretation und Kontrolle der Gegenwart [... Meads] These impliziert, daß die Vergangenheit eine Konstruktion ist, deren Bezugspunkt nicht Ereignisse sind, die eine von der Gegenwart – dem Ort der Realität – unabhängige Realität besitzen."[285]

Oder um es mit den Worten Susan Sontags auszudrücken: Erinnerung ist immer eine

„Verabredung: dass dies wichtig ist, dass es sich so zugetragen hat, samt den Bildern, die diese Geschichte dann in unserem Gedächtnis fixieren. Ideologien schaffen sich ihre fundierenden Bild-Archive, sie enthalten repräsentative Bilder, die Gedanken von allgemeiner Bedeutung verdichten und vorhersehbare Gedanken und Gefühle hervorrufen."[286]

Bilder und politische Symbole sind notwendig für die Herausbildung eines kollektiven Gedächtnisses. Sie sind nicht nur ein Mittel zur Manipulation von Menschen – im guten als im schlechten Sinne – sondern erfüllen für ein Gemeinwesen auch die Funktion, ein Bild von sich selbst zu schaffen.

Denkmäler sind solche Eigenbilder und politischen Symbole. Die gewollte Zerstörung dieser Bauten zielt auch auf die Zerstörung der Gedächtnisrahmen einer Gesellschaft ab. Die Funktion der Vergegenwärtigung der Vergangenheit in den Monumenten soll unterbrochen und die Erinnerung an nun unerwünschte Teile des Gewesenen getilgt werden:

„Denkmäler dienen dem Gedenken, dem Andenken, der Erinnerung [...] In der Erinnerung soll eine dauernde Bedeutung gegenwärtig gemacht werden. Öffent-

---

[285] Zit. nach: Assmann, Aleida. Der lange Schatten der Vergangenheit. S. 158. Einfügungen im zitierten Text von Aleida Assmann. Jean-Paul Sartre äußerte sich in ähnlicher Weise in seinem Werk *Das Sein und das Nichts:* „Die Bedeutung der Vergangenheit ist also streng abhängig von meinem Entwurf. [...] Ich kann nämlich in jedem Moment über die Tragweite der Vergangenheit entscheiden: nicht indem ich in jedem Fall die Wichtigkeit dieses oder jenes Ereignisses erörtere, erwäge und einschätze, sondern indem ich mich auf meine Ziele hin entwerfe, rette ich die Vergangenheit mit mir und entscheide durch das Handeln über ihre Bedeutung." Zit. nach: Ebd.

[286] Zit. nach: Ebd. S. 29f.

liche und dauerhafte Vergegenwärtigung ist der soziale Sinn. Das Vergegenwärtigte wird ausgezeichnet und hervorgehoben."[287]

Der Angriff auf ein Denkmal ist somit wesentlich mehr als die Zerstörung eines politischen Symbols der alten Herrscher, sondern es ist vor allem der Versuch, das kulturelle Gedächtnis der Gruppe zu verändern und so die Legitimierungsgrundlage der ehemaligen Machthaber zu beschädigen. Das kulturelle Gedächtnis besitzt, wie Jan Assmann definiert,

„Fixpunkte in der Vergangenheit [...] Diese Fixpunkte sind schicksalhafte Ereignisse, deren Erinnerung durch kulturelle Formung und institutionalisierte Kommunikation wachgehalten wird."[288]

Nicht selten finden diese besonderen historischen Geschehnisse ihre Materialisierungen in Denkmälern, die fortan die Mythen einer Gesellschaft repräsentieren sollen. Für das kollektive Bewusstsein ist diese Visualisierung sogar zwingend notwendig:

„Um kollektives Bewusstsein zu produzieren und zu reproduzieren braucht es die formative und normative Kraft von Vermittlungsinstanzen, in welchen die kollektive Erfahrung der Gruppe sich verdichtet."[289]

---

[287] Kluxen, Wolfgang. S. 31.

[288] Assmann, Jan. Kollektives Gedächtnis und kulturelle Identität. In: Jan Assmann, Tonio Hölscher (Hrsg.). Kultur und Gedächtnis. Frankfurt a.M. 1988. S. 12f. Das kulturelle Gedächtnis besitzt laut Assmann eine Vielzahl an Merkmalen, die die Grundlage für die kollektive Identität einer Gruppe bilden. So sei es vor allem durch Identitätskonkretheit gekennzeichnet, welche den Wissensvorrat der Gruppe bewahre und der Gemeinschaft das Bewusstsein über ihre Einheit und Eigenarten ermögliche. Des Weiteren ist es rekonstruktiv, da durch es die Beteiligten ihr „Wissen immer auf aktuelle gegenwärtige Situationen" beziehe. Die institutionelle Absicherung des kulturellen Gedächtnisses erfolgt durch Kommunikation und Objektivationen in Form von Denkmälern, Bildern, Schriften, Riten etc. (Geformtheit und Organisiertheit). Für die Gemeinschaft ist es verbindlich, da sie eine „klare Wertperspektive und ein Relevanzgefälle durch ein normatives Selbstbild der Gruppe [bereitstellt], welche den kulturellen Wissensvorrat und den Symbolhaushalt strukturiert." Außerdem ist es reflexiv, das heißt es „nimmt auf sich selbst Bezug in Form von Auslegung, Ausgrenzung, Umdeutung, Kritik, Zensur, Kontrolle und Überbietung." Siehe: Ebd. S. 13-15.

[289] Schmoll, Friedemann. S. 40.

Ohne sie würden dem Individuum keine Identifikationsmöglichkeiten mit der Gesellschaft zur Verfügung stehen. Die Zerstörung jener Bilder, jener „Erinnerungsfiguren“,[290] entzieht der Gemeinschaft ihre Grundlage für eine gemeinsame Identität. Zwar bedeutet der Denkmalsturz nicht zwingend den Verlust jener zusammenhaltenden Kraft, jedoch bereinigt der Vorgang den öffentlichen Raum und entreißt der Gruppe ihre Selbstdarstellung. Der frei gewordene Platz steht theoretisch neuen Identitätsentwürfen zur Verfügung und wartet darauf, neu besetzt zu werden.
Die Errichtung eines Denkmals erfolgt immer unter der Prämisse, eine Identität stiften oder festigen zu wollen, das heißt, sie entstehen in einer Phase, in der das Gemeinschaftsgefühl und/oder die Herrschaftsordnung als bedroht empfunden wird und deswegen stabilisiert werden soll:

> „Denkmäler sind weniger Indikatoren existierender kollektiver Identitäten als vielmehr selbst die Mittel zur Installierung einer erst anzustrebenden Werteordnung. Das Denkmal demonstriert zwar durch die Gesetze des Monumentalen – Herrschaftsanspruch, Größe, Ewigkeit, Verbindlichkeit – die intendierte Unwandelbarkeit der in ihm manifest gewordenen Idee. Das sagt jedoch nichts über Akzeptanz und Reichweite der darin repräsentierten Werteordnung.“[291]

Sowohl Denkmalerrichtungen als auch deren Sturz fallen in eine Phase der Unsicherheit. Während die einen jedoch versuchen, die Entwicklung einer kollektiven Identität zu fördern, sinnt die Demontage nach einer Beseitigung. Denkmäler werden nur von Menschen zerstört, die sich nicht (mehr) mit dem durch das Monument vorgeschlagenen Identitätsangebot identifizieren können. Sein Sturz ist unwahr-

---

[290] Dieser Begriff wurde von Jan Assmann geprägt und kennzeichnet das „Repertoire an Wiedergebrauchstexten, -bildern und -riten, in deren Pflege das Kulturelle Gedächtnis sein Selbstbild stabilisiert und vermittelt, es ist ein kollektiv geteiltes Wissen (hauptsächlich) über die Vergangenheit, auf das eine Gruppe ihr Bewusstsein von Einheit und Eigenart stützt.“ In: Assmann, Jan. S. 15.
[291] Schmoll, Friedemann. S. 43. Eine Aussage aus dem späten 18. Jahrhundert angesichts der Rarität von deutschen Nationaldenkmälern verweist auf diesen Fakt: „Es scheinet überaus natürlich, daß unter einem Volke, das öffentliche Tugend und Verdienst zu schätzen weiß, dergleichen Denkmäler häufig sollten anzutreffen seyn.“ Zit. nach: Ebd. S. 42.

scheinlich, wenn das Bauwerk nicht als substanziell für dieses Gemeinschaftsgefühl steht. Damit lässt sich konstatieren, dass die kollektive Identität innerhalb einer Gesellschaft ebenso wie das kollektive Gedächtnis ein Produkt ist, das aus den jeweiligen Ansprüchen der Gegenwart erwächst:

> „Kollektive Bedeutungshorizonte, die Individuen verwenden, wenn sie sich als Individuen oder Kollektivmitglieder interpretieren, ihre kulturellen Codes von Lebensstil, Nation, Ethnie, Geschlecht, gelungener Existenz, gutem Leben etc. können nicht als universal und überkulturell, sondern müssen als historisch und kulturell spezifische Wissensordnungen begriffen werden.“[292]

Die kollektive Identität führt zu einer Eingliederung des Individuums in das gesellschaftlichen System und der Erfüllung der ihm zugedachten Funktion. Identität schafft Gehorsam und ist, wenn sie als Werkzeug zur Erhaltung der Macht eingesetzt wird, äußerst wirkungsvoll.[293] Denkmäler werden nur von Menschen gestürzt, die die ihnen zugedachte gesellschaftliche Rolle nicht einnehmen können oder wollen. Potentielle Denkmalstürzer stehen daher außerhalb der konstruierten Gruppenidentität. Der Begriff der kollektiven Identität lässt sich sowohl im Sinne von Maurice Halbwachs als ein faktisch kollektives Gruppengedächtnis deuten als auch kulturkritisch zur Umschreibung der Gleichförmigkeit von Individuen in der Massengesellschaft.[294] Die Identität ist sowohl Halt als auch Gefängnis für den Einzelnen innerhalb der Gruppe, sie gibt vor, wie auf bestimmte Ereignisse reagiert wird und innerhalb welchen Wertekanons das Individuum handelt. Der Mensch – das „self-interpreting animal“ – definiert sich und seine Stellung zu anderen über die kollektive Identität, der er sich zugehörig fühlt:

---

[292] Reckwitz, Andreas. Der Identitätsdiskurs. Zum Bedeutungswandel einer sozialwissenschaftlichen Semantik. In: Werner Rammert u.a. (Hrsg.). Kollektive Identitäten und kulturelle Innovationen. Ethnologische, soziologische und historische Studien. Leipzig 2001. S. 30.

[293] „Kollektive Identität wird als soziale Identität verstanden, die wiederum an die Rollenerwartungen und Werte von Institutionen gebunden ist. Soziale Identität besteht in der Befolgung der oder dem kreativen Umgang mit den Rollenerwartungen, Normen und Werten einer sozialen Position.“ In: Ebd. S. 28.

[294] Vgl. ebd. S. 26.

„My identity is defined by the commitments and identifications which provide the frame or horizon within which I can try to determine from case to case what is good, or valuable, or what ought to be done, or what I endorse or oppose."[295]

Über die Abgrenzung zu anderen bestimmt die Gruppe, wer sie ist. Dementsprechend kann der Denkmalsturz nur erfolgen, wenn Teile der Gesellschaft sich emotional nicht an die vom Denkmal vermittelte kollektive Identität gebunden fühlen. Im Gegenteil, sie müssen sogar in direkter Opposition dazu stehen, da durch den Sturz augenscheinlich wird, dass noch nicht einmal eine Tolerierung möglich ist.
Die Kollektive Identität und das kollektive Gedächtnis, die eng miteinander verbunden sind, bilden sich losgelöst vom Zusammenleben mit anderen Menschen, sprachlichem Austausch und Diskursen. Stattdessen „beruht [beides] auf einem Fundus von Erfahrung und Wissen, der von seinen lebendigen Trägern abgelöst und auf materielle Datenträger übergegangen ist." Es wird, so Aleida Assmann, geprägt durch

„symbolische Stützen, die die Erinnerung in die Zukunft hinein befestigen, indem sie spätere Generationen auf eine gemeinsame Erinnerung verpflichten. Monumente und Denkmäler, Jahrestage und Riten befestigen Erinnerung transgenerationell durch materielle Zeichen oder periodische Wiederholung."[296]

Ohne diese Datenträger könne kein kollektives Gedächtnis entstehen, da Institutionen und Körperschaften wie Kulturen, Nationen oder Staaten kein Gedächtnis besäßen, sondern sich mithilfe von memorialen Zeichen und Symbolen erst eines kreieren müssten.[297] Gesellschaftliche Umbrüche und deren Begleiterscheinungen wie Denkmalstürze streben daher immer danach, diese „Datenträger" zu bereinigen, ihren Inhalt zu löschen, somit seine Abrufung zu verhindern und die Erinnerung an Episoden der Vergangenheit zu verdammen. Nur wenn die Denkmäler aus dem öffentlichen Raum verschwinden, können die Werte und die Identität, die mit diesem Bauwerk verbunden waren, vergessen werden. Daneben hat die Gedächtnisbereinigung auch zum Ziel, Mitglieder oder Anhänger der alten Herrschaftseliten in das neue System eingliedern zu können. Nur wenn diese sich von ihrer alten

[295] Zit. nach: Ebd. S. 31.
[296] Assmann, Aleida. Der lange Schatten der Vergangenheit. S. 34f.
[297] Vgl. Ebd. S. 35.

Rolle lösen können, ist ihre Integration und somit die Stabilität des neu erreichten Zustandes gesichert:

„Das Verschwinden eines Denkmals aus dem Stadtbild sollte die Gesellschaft von der bedrückenden Erinnerung an die eben überwundene Vergangenheit befreien, eventuell vorhandene Gewissensbisse wegen möglicher Komplizenschaft mit dem alten Regime erst gar nicht aufkommen lassen und den Neuanfang als kompromisslos und radikal erscheinen lassen."[298]

Aleida Assmann weist darauf hin, dass für individuelle wie kollektive Formen des Gedächtnisses gelte, dass sie perspektivisch organisiert seien:

„Im Gegensatz zu technischen Wissensspeichern und Archiven ist das Gedächtnis nicht auf größtmögliche Vollständigkeit eingestellt; es nimmt nichts Beliebiges in sich auf, sondern beruht immer schon auf einer mehr oder weniger rigiden Auswahl."[299]

Deswegen sei das Vergessen auch ein wesentlicher Teil des Gedächtnisses. Friedrich Nietzsche bezeichnete diese Funktion das „plastische Gedächtnis":

„Ohne diese Filter kann es für Individuen und Gruppen keine Identitätsbildung und keine klare Handlungsorientierung geben. Allzu vollgestopfte Wissensspeicher führen nach Nietzsches Meinung notwendig zu einer Aufweichung des Gedächtnisses und damit gleichzeitig auch zu einem Verlust an Identität."[300]

Der Akt des Denkmalsturzes selektiert die Erinnerungen neu und versucht Teile der erinnerten Geschichte zu verdrängen. Diese *damnatio memoriae* strebt nach der symbolischen Verdammung des Alten und legt den Grundstein für einen Neuanfang, der sich eventuell auf andere Kapitel der Geschichte beziehen kann, wie es zum Beispiel 1989 in der Tschechoslowakei vorgekommen ist. Deswegen ist Erinnerungs-

[298] Jaworski, Rudolf. Denkmalstreit und Denkmalsturz im östlichen Europa. Eine Problemskizze. In: Rudolf Jaworski, Peter Stachel (Hrsg.). Die Besetzung des öffentlichen Raumes. Politische Plätze, Denkmäler und Straßennamen im europäischen Vergleich. Berlin 2007. S. 179.
[299] Ebd. S. 36.
[300] Ebd. S. 36f.

politik in einer Gesellschaft auch immer Herrschaftssicherung der machthabenden Eliten.[301] Wer über kollektives Erinnern und Vergessen bestimmen kann, übt in dem jeweiligen System die Macht aus. Maurice Halbwachs präzisiert diesen Zusammenhang von beiden Prozessen, wenn er die These aufstellt, dass das kollektive Gedächtnis

> „eine kontinuierliche Denkströmung [ist] – von einer Kontinuität, die nichts künstliches [sic!] hat, da sie von der Vergangenheit nur das behält, was von ihr noch lebendig und fähig ist, im Bewußtsein der Gruppe, die es unterhält, fortzuleben."[302]

Natürlich ist die Erinnerung an die Vergangenheit nicht künstlich, jedoch ist sie kulturell geformt. Schon der große Gedächtnis-Theoretiker Ernest Renan wies in seiner Rede „Was ist eine Nation?" an der Pariser Sorbonne im März 1882 auf die Beeinflussung der kollektiven Erinnerung „von oben" hin: Das

> „auf überlebenszeitliche Dauer angelegte nationale Gedächtnis [ist] eine [...] einheitliche [...] Konstruktion, die in politischen Institutionen verankert ist und 'von oben' auf die Gesellschaft einwirkt."[303]

Laut Renan sei es „das Wesen einer Nation [...], daß alle Individuen etwas miteinander gemein haben [... und] das historische Ergebnis einer Reihe von Tatsachen [ist], die dieselbe Richtung"[304] haben. Man müsse die Nation als eine Erfahrungs- und Willensgemeinschaft sehen, die von den eigenen Opfern lebt, auf deren Rücken sie sich Tag

---

[301] „Erinnerung ist Teil gesellschaftspolitischer oder sozialer Prozesse, deren jeweilige Protagonisten historische Ereignisse und deren interpretierende Präsentation zu instrumentalisieren wissen." In: Menkovic, Biljana. S. 17.

[302] Zit. nach: Ebd. S. 18.

[303] Renan, Ernest. Was ist eine Nation? Vortrag in der Sorbonne am 11. März 1882. In: Jeismann, Michael/Ritter, Henning. Grenzfälle. Über neuen und alten Nationalismus. Leipzig 1993. Internetausgabe: http://www.dir-info.de/dokumente/def_nation_renan.html (Stand: 12.01.2009).

[304] Ebd. Renans Rede beschäftigt sich hauptsächlich mit der Nation als Identitätsstiftende Gemeinschaft. Der Begriff der Nation kann an dieser Stelle jedoch auch durch jede Gemeinschaft oder Gruppe ersetzt werden. Einzige Voraussetzung ist, dass sich die einzelnen Mitglieder dieses Verbundes als eine Einheit ansehen und sich mit ihr identifizieren.

für Tag neu konstituiert.[305] Die Nation besitzt laut Renan einen in die Zukunft gerichteten gemeinsamen Willen, der durch die Konstruktion einer gemeinsamen Vergangenheit, welche durch Erinnern und Vergessen bestimmter Elemente der Geschichte entstehe, erschaffen wird. Die Gegenwart könne als Zwischenstufe einer motivierenden, Vergangenheit und Zukunft übergreifenden Erzählung verstanden werden, die Sinn stifte für eine gemeinsame Identität.[306] Aus der Geschichte heraus bilde sich eine Identität, die sich durch ein kollektives Gedächtnis – eine einheitliche Konstruktion, die auf überlebenszeitliche Dauer angelegt ist und durch die Verankerung in den Institutionen von oben dauerhaft auf die Gesellschaft einwirkt – ausdrücke.[307] Dieses nationale Interesses entstehe durch selektives Erinnern, auf der einen Seite werden bestimmte Ereignisse bewahrt und mythisiert, auf der anderen Seite werden Geschehnisse verdrängt, da sie für die Konstruktion einer bestimmten Identität eventuell nicht zuträglich sind. Renan sah gerade in dem Akt des Vergessens eine konstituierende Funktion für eine Nation:

„Das Vergessen – ich möchte fast sagen: der historische Irrtum – spielt bei der Erschaffung einer Nation eine wesentliche Rolle, und daher ist der Fortschritt der historischen Studien oft eine Gefahr für die Nation.“[308]

Erst durch das bewusste Ausblenden bestimmter Teile der Geschichte ist es möglich, ein bestimmtes Eigenbild zu vermitteln. So leugnete die DDR stets eine Abstammung von der Geschichte Deutschlands und stellte stattdessen die eigene Neuartigkeit in den Vordergrund.

---

305 „Der Mensch improvisiert nicht. Wie der einzelne [sic!] ist die Nation der Endpunkt einer langen Vergangenheit von Anstrengungen, von Opfern und von Hingabe. […] eine heroische Vergangenheit, ein gemeinsames Wollen in der Gegenwart, gemeinsam Großes vollbracht zu haben und es noch vollbringen wollen “. In: Ebd.

306 „Die wiederholte Erinnerung der Vergangenheit beziehungsweise bestimmter vergangener Ereignisse ist in der Tat für die Konstruktion von kollektiven Identitäten, gerade was die 'Imagined Communities' moderner Nationalstaaten betrifft, von performativer Bedeutung“. In: Csáky, Moritz. Gedächtnis, Erinnerung und die Konstruktion von Identität. Das Beispiel Zentraleuropa. Berlin 1998. S. 28.

307 Assmann, Aleida. Der lange Schatten der Vergangenheit. S. 37.

308 Renan, Ernest.

Vorläufer wurden nicht in der nationalen Geschichte gesucht und gefunden, sondern in der internationalen, vornehmlich sowjetischen Arbeitergeschichte. Auf der Grundlage der Erinnerungen entsteht ein gemeinsames Gedächtnis, von Renan als Seele der Nation bezeichnet,[309] welches sich auf historische Erfahrungen stützt. Diese werden durch die Art und Weise, wie sie verarbeitet, gedeutet und angeeignet werden, in Mythen verwandelt, die zum Beispiel durch Monumente, Denkmäler und Orte präsent gehalten werden.[310] Manche Erinnerungen verschwinden von selbst durch das Fortschreiten der Zeit, einfach aus dem Grund, weil sie für die Gegenwart keine Aktualität mehr besitzen. Andere dagegen versucht man schlagartig aus dem kollektiven Gedächtnis zu verbannen. Der Denkmalsturz liefert die notwendige Basis dafür. Gerade die plötzlichen gesellschaftlichen Umbrüche, in deren Folge es oft zur Zerstörung von Monumenten kommt, zeigen, dass die *damnatio memoriae* eine wichtige Funktion für einen gesellschaftlichen Neuanfang einnimmt. Das zumindest vorübergehende Ausblenden von Teilen der Geschichte ermöglicht es, durch die Neuerrichtung von Denkmälern eine neue, andere kollektive Identität auf der Grundlage eines anders konstruierten kollektiven Gruppengedächtnisses und eines eigenen Mythos zu gründen. Ein gesellschaftlicher Umbruch, der mit dem Wechsel der Herrschereliten einhergeht, ist ohne diese Neukonstruktion, so lässt es die Analyse historischer Ereignisse vermuten, nur schwer möglich. Grundlage einer neugestalteten kollektiven Identität ist daher auch immer ein Denkmalsturz.[311]

---

[309] Ebd.

[310] In diesem Fall stehen Mythen für eine affektive Aneignung der Geschichte. Ereignisse werden auf mythische Archetypen reduziert und von den konkreten Bedingungen ihres Entstehens gelöst, zu Zeit enthobener Geschichte umgeformt und von Generation zu Generation weitergegeben. Die Weitergabe erfolgt solange, wie sie dem gewünschten Selbstbild der Gruppe und ihren Zielen entspricht. Definition nach Peter Novick. In: Assmann, Aleida. Der lange Schatten der Vergangenheit. S. 40.

[311] „Revolutionäre Umbrüche werden von der Bevölkerung nicht unbedingt als existenzielle Bedrohung wahrgenommen, solange die baulich-symbolische Umwelt fortbesteht. Wird die Existenz von Objekten der gebauten Umwelt oder von Symbolen herausgefordert, können sie plötzlich zum Gegenstand von Deutungskonflikten werden und zu Konflikten über die Gültigkeit der in den Symbolen dargestellten Werte und Vorbilder führen." In: Schulz zur Wiesch, Lena. S. 234.

VI. Ein Theorieentwurf zum Denkmalsturz

Die Beschäftigung mit dem Thema Denkmalsturz führt in einen komplexen Bereich der Kultur, der von höchster Emotionalität geprägt ist. Immer wieder kam es in den letzten 200 Jahren seit der Französischen Revolution zu diesem Phänomen. Mit dem Beginn der Moderne, so scheint es, hat sich auch die Sensibilität im Umgang mit Denkmälern und deren Bedeutung für den Zusammenhalt einer Gruppe entwickelt.[312] Seitdem gehört der Sturz der Monumente der alten Herrschaftseliten in gesellschaftlichen Umbruchszeiten zum Standardrepertoire in der symbolischen Abrechnung; in ihm drückt sich die feste Überzeugung von der Wirkungsmacht der bildlichen Eigendarstellung der Gesellschaft und ihrer Werte im öffentlichen Raum aus. Der Denkmalsturz ist Bildergläubigkeit nur unter anderen Vorzeichen, denn sowohl die Errichter des Denkmals als auch die Zerstörer zeigen in ihrem Vorgehen, dass sie davon überzeugt sind, durch das Monument Einfluss auf die Gesellschaft zu haben. Vorläufer dieses Glaubens finden sich schon in der römischen und griechischen Antike: Die Verstümmelung beziehungsweise Zerstörung von Statuen, die Personen darstellten, gehörten zu den Ehrenstrafen dieser Zeit und sollten das Ansehen des Betroffenen dauerhaft beschädigen. Wichtig war auch die Überzeugung von der Identität von Abbildendem und Abgebildetem: Die Verletzungen, die einem Standbild beigebracht werden, so die Vorstellung, seien reale Angriffe auf den Körper des Dargestellten und hätten auch Einfluss auf die Zeit nach dem Tod. Dementsprechend war die Bildnisverstümmelung in diesen Zeiten ein äußerst gängiges politisches und rechtliches Kampfmittel, das aber, wenn es unrechtmäßig eingesetzt wurde, ebenso schweren Sanktionen unterworfen war. Für das Mittelalter wiesen Wolfgang Brückner und Norbert Schnitzler nach, dass sich Herrscher zwar seltener durch Statuen selbst darstellen ließen, da sie selbst ihr eigenes Zeichen gewesen seien, die bildhafte symbolische Bestrafung jedoch auch in dieser Zeit

[312] „Denkmalsturz als Teil der Tradition republikanischer Revolutionen, die in der Französischen Revolution ihren Ausgang genommen hat. In der Französischen Revolution wurde die Frage der Macht unmittelbar mit jener der Kontrolle über öffentliche Symbole verbunden.“ In: Pribersky, Andreas. S. 191.

weit verbreitet gewesen sei.[313] Wenn der zu Bestrafende nicht persönlich oder lebendig greifbar war, wurden anstelle dessen zum Beispiel Puppen, die die Person darstellen sollten, verbrannt oder der Rechtsakt an dessen Leichnam ausgeübt. In nachmittelalterlicher Zeit entstand für diesen Vorgang der Scheinhinrichtung der Begriff *executio in effigie.*[314] Eine etwas andere Form der Bilderfeindlichkeit fand sich während der Reformation im 16. Jahrhundert. Die Kritik dieses Ikonoklasmus richtete sich gegen dir figürlichen Abbildungen von Jesus Christus und den Heiligen; die Überladung mit bildlichen Darstellungen in der Liturgie, so der Vorwurf, diene einzig dem Zweck, die Menschen zu blenden und die Macht der Kirche auszubauen.
All diese Beispiele verdeutlichen, dass es seit jeher einen starken Glauben an die Wirkungsmacht von Bildern gegeben hat und im Umgang mit ihnen bestimmte bildmagische Vorstellungen zum Ausdruck kommen. Erst diese Vorstellung lässt sie zu dem werden, was sie in der Überzeugung vieler Menschen sind: Stellvertreter und Statthalter für real lebende Personen oder Überzeugungen. In ihnen spiegeln sich nicht nur Werte und Ansehen wider, sondern sie sind identisch mit dem Abgebildeten. Was dem Bildnis angetan wird, geschieht auch dem Dargestellten, so die feste Überzeugung. Bildliche Darstellungen in der Öffentlichkeit symbolisieren ausgeübte Macht, denn nicht jedem steht es zu, Abbildungen seiner eigenen Person, Statuen oder ähnliches, zu errichten und so Einfluss auf seine Umgebung zu nehmen. Dies war seit jeher ein Privileg der Machthaber und stellte auch die gesellschaftliche Akzeptanz des Dargestellten dar. Diese Bildgläubigkeit findet sich dementsprechend im Ansehen der Denkmäler der Moderne wieder. Mit dem Entstehen des Nationen-Gedankens im 18. und 19. Jahrhundert und der damit verbundenen Errichtung von Nationaldenkmälern stieg auch die Bedeutung der Monumente für die Gruppe, die sie aufgestellt hat. Sie übernehmen die Funktion, ideelle Konstrukte wie die Nation, die realiter nicht greifbar ist, für die einzelnen Mitglieder der Gruppe greif- und erfahrbar zu machen. Denkmäler sind die öffentlichen Symbole für die Werte, Ideale und Leitvorstellungen einer Gesellschaft, in ihnen offenbaren sich die Vergangenheitsvorstellungen, der aktuelle Zustand der Gesellschaft und der

[313] Vgl. Schnitzler, Norbert. S. 99.
[314] Vgl. Brückner, Wolfgang. S. 188.

Wunsch nach Dauerhaftigkeit und Konstanz bis in die Zukunft hinein. Der Angriff auf diese Bauwerke bedeutet nicht nur den Sturz einer Ansammlung von Steinen, sondern auch die Verneinung und Ablehnung der Werte, die in dem Monument zum Ausdruck kommen. Die Zerstörung bezweckt eine Bereinigung des öffentlichen Raumes von diesen nun als nicht mehr aktuell geltenden Werten und strebt nach der Verdammung der Erinnerung an diese.
Die hier betrachteten Beispiele zeigen, dass nicht jeder Denkmalsturz unter den gleichen Voraussetzungen und auf die gleiche Art und Weise stattfindet. Nicht immer muss der Akt des Denkmalsturzes eine Herrscherkritik sein. So veranschaulichen die Vorgänge um das Eisenmonument in Mainz aus dem Jahre 1792, dass der Vorgang auch zur Herrschaftssicherung eingesetzt wurde. Durch die regelmäßige Wiederholung des Sturzes blieb das Ereignis in den Köpfen der Teilnehmer fest verankert und die mit dem ersten Fall des Monuments verbundene gesellschaftliche Metamorphose fand jedes Mal aufs Neue seine öffentliche Bestätigung. Die Geschehnisse während der Französischen Revolution haben auch gezeigt, dass Bauwerke, die keine intendierten Denkmäler sind, durch ihre Zerstörung zu einem solchen werden können. So steht die Bastille stellvertretend für all jene Gebäude, welche als Symbol für die Macht der herrschenden Eliten gesehen und in Unruhezeiten durch ihren Sturz zu einem Denkmal wurden. Andere Monumente dieser Zeit fanden ihren Fall nicht durch spontane Willensbekundungen der Menschen, sondern stürzten in einem zentral und institutionalisiert geplanten Vorgang.[315] Die Häufigkeit der Denkmalstürze im Zuge der Französischen Revolution zeigt die Akzeptanz und den Bekanntheitsgrad dieses Vorgangs. Auffällig ist, dass die wenigsten absolutistischen Denkmäler direkt mit dem Beginn der Revolution fielen, sondern erst als die Hoffnung auf die Einbindung der Monarchie in das neue Gesellschaftssystem 1792 begraben werden musste. Neben der Abrechnung mit den alten Herrschern als Person sollte unter anderem die Zerstörung den Abschluss mit den vergangenen, überwundenen Zeiten symbolhaft darstellen und für alle Menschen erfahrbar machen.

[315] Siehe das Beispiel der Statue Ludwigs XIV. auf dem Place Vendôme in Paris 1792.

Während der nationalsozialistischen Herrschaft erhielt der Denkmalsturz eine neue Qualität, das spontane Element wurde gänzlich zugunsten von Organisation und zentraler Planung verdrängt. Die Zerstörungen richteten sich vor allem gegen bildliche Darstellungen, die sich nicht mit der nationalsozialistischen Ideologie vereinen ließen und gegen Werke von Künstlern, die als nicht deutsch, als unarisch, galten. Die Entfernung sollte Platz schaffen für die Skulpturen deutscher Kunstschaffender und ihren „deutsch"-gesinnten Kunstwerken. Mit der Zeit weitete sich die Denkmalfeindlichkeit gegen immer weitere Darstellungen aus, bis auch, vor dem Hintergrund der Rohstoffknappheit während des Krieges, sogar Monumente aus der Kaiserzeit entfernt wurden. Die nationalsozialistische Denkmalpolitik hatte zum einen zum Ziel, die Denkmallandschaft der gegenwärtigen Kulturpolitik anzupassen, dementsprechend unliebsame Darstellungen aus dem öffentlichen Raum zu entfernen, und zum anderen sämtliche Verbindungen zur Weimarer Republik zu kappen. Diese wurde von den Nationalsozialisten aufs Schärfste abgelehnt, sie sahen sich nicht in der Tradition des Systems der Zwischenkriegszeit, sondern in dessen Opposition.
Der Sturz der sozialistischen Denkmäler 1956 und 1989 fand dagegen unter wesentlich emotionaleren Umständen statt. Allein die Ereignisse rund um den Aufstand der Bevölkerung in Ungarn und der Sturz des Stalin-Monuments 1956 in Budapest durch die Menschen zeugen von ganz anderen Voraussetzungen und Abläufen. Die Zerstörung der Plastik des ehemaligen sowjetischen Herrschers geschah in einem affektiven und eruptiven Akt. Die Staatsgewalt hatte keinen Einfluss auf das Geschehen, in diesem Moment besaßen die Aufständischen auf der Straße die Macht, den Sturz zu vollziehen. Wichtig bei der Betrachtung dieses Ereignisses ist vor allem die sozialistische Kunst- und Kulturpolitik, die dazu führte, dass die sich in ihrem Erscheinen ähnelnden Statuen in vielen Ländern des sowjetischen Einflussbereiches als Zeichen der Besatzung und Fremdherrschaft gesehen wurden. Der Sturz der Darstellung Stalins steht daher für den symbolischen Versuch, sich von dieser Unmündigkeit loszusagen und von dem von der Sowjetunion vorgegebenen und den anderen Ländern kopierten Kult zu distanzieren. Das sozialistische System galt unter seinen Vertretern als End- und Höhepunkt der historischen Entwicklung, dementspre-

chend hatte die Monumentalarchitektur zur Aufgabe, die eigene Überlegenheit auch visuell erfahrbar zu machen und zu verbreiten. Eine große Varianz in der Darstellung galt als unnötig, da das Ziel die Darstellung der perfekten und im Sozialismus erreichten Wirklichkeit war. Die Regierungen in den anderen osteuropäischen Ländern kopierten diesen Stil, um zum einen eine Art Treueschwur abzulegen und zum anderen um selbst Anteil zu haben an dem vermeintlichen Glanz des Erreichten. Doch gerade die unkritische Übernahme dieses in den Denkmälern sichtbar werdenden Kultes, der starke quasireligiöse Züge an sich hatte, führte unter großen Teilen der osteuropäischen Bevölkerung zu dem Gefühl, einer Fremdherrschaft unterworfen zu sein. Die angestauten Emotionen entluden sich 1956 in Ungarn und 1989 im gesamten ehemaligen „Ostblock" an den Denkmälern der alten, nun im Sturz befindlichen Regierungen. Oftmals stellten die Monumente Stalin oder Lenin sowie regionale führende Vertreter der Politik dar; die Wut der Menschen richtete sich nicht nur gegen ihre Bildnisse, sondern ebenso gegen die Personen selbst. Da sie in der Regel ihrer nicht habhaft wurden, richteten sie die Statuen *in effigie* hin. In den Beschreibungen erhielten die Denkmäler menschliche Züge und schienen sich gegen den Sturz zu wehren, Stahlseile wurden den Bauwerken um den steinernen oder eisernen Hals gelegt, plastisch gewordene Körper nach ihrem Sturz verstümmelt und geschändet. In den Vorgängen spiegeln sich bildmagische Vorstellungen wieder, die davon ausgehen, dass die Zerstörung des Bildnisses auch Folgen für die real existierende Person haben kann. Der Sturz war auf der einen Seite eine Ersatzhandlung für die Menschen, auf der anderen Seite war es die Abrechnung mit dem alten System: Nichts sollte mehr an die alten Zeiten erinnern.
Im Gegensatz zu den eruptiven emotionalen Entladungen in den anderen osteuropäischen Ländern blieben die Denkmäler in der DDR unbehelligt. Die Wut der Protestierenden richtete sich in erster Linie gegen die Berliner Mauer als *dem* Zeichen der Unterdrückung. Im Nachhinein musste sich die Politik mit dem Erbe der DDR-Kulturpolitik beschäftigen, was zu einigen Kontroversen und dem Vorwurf führte, die Geschichte der Ostdeutschen vergessen machen zu wollen. Das Beispiel des Friedrichshainer Lenin-Monuments verdeutlicht die mögliche emotionale Bindung der Menschen zu einem

Bauwerk und somit auch die Bedeutung für die Identität einer Gesellschaft und ihrer Mitglieder, die an ein solches Denkmal gekoppelt sein können. Die Entfernung Lenins wurde von Abrissgegnern als Versuch der Geschichtsklitterung gebrandmarkt, dagegen befürchteten die Befürworter, dass sich weiterhin Menschen mit den dargestellten Werten identifizieren und somit nicht offen für die Bundesrepublik und ihr System sein könnten.

Die zahlreichen Beispiele in dieser Arbeit haben gezeigt, dass der Akt des Denkmalsturzes kein homogener ist. Eine Unterscheidung muss allein schon dann erfolgen, wenn der Sturz nicht auf Drängen der Menschen eruptiv geschieht, sondern erst im Nachhinein und institutionell abläuft. Beide Typen hat es zahlreich in der Geschichte gegeben, das Ergebnis ist ebenfalls das gleiche, jedoch unterscheiden sie sich qualitativ. Der geplante Vorgang erhält gerade durch seine Organisiertheit den Anschein einer offiziellen, öffentlichen Abrechnung, in gewisser Art und Weise könnte man es als einen Gerichtsprozess sehen, der zum Ziel hat, durch die bewusste zwischenzeitliche Thematisierung des Vergangenen das Kapitel abzuschließen und den Sieg des gegenwärtigen Systems über das alte zu betonen. Der spontane Sturz strebt zwar ebenfalls danach, die Vergangenheit als abgeschlossen zu erklären, jedoch zeugt die Spontaneität von dem Wunsch, diesen Vorgang so schnell wie möglich durchzuführen und die Bildnisse und die Erinnerung an das Vergangene aus dem öffentlichen Raum zu entfernen. Denn dieser ist maßgebend für das, was erinnert wird, für die Bildung eines kollektiven Gedächtnisses und die Herausbildung von gemeinsamen Werten und Traditionen in der Gesellschaft. Denkmäler tradieren die Vergangenheit in die Gegenwart hinein und erheben den Anspruch, auch in der Zukunft noch präsent zu sein. Durch die Macht über den öffentlichen Raum obliegt es den Herrschern zu bestimmen, wie sich eine Gruppe selbst darstellt, was thematisiert wird und was nicht und worauf sich die Mythen der Gemeinschaft stützen. Gerade die alltägliche Erfahrbarkeit von Denkmälern und Bildnissen auf öffentlichen Plätzen und Straßen ermöglicht eine Beeinflussung der Individuen. Die symbolische Vergegenwärtigung der Traditionen einer Gesellschaft ist konstitutiv für den Machterhalt der aktuellen Eliten, die Frage der Herrschaft dreht sich dementsprechend auch immer um die Macht über den öffentlichen Raum. Der Stellvertreter „Denkmal“

steht für die Ausübung von Herrschaft sowie den Verlust ebenjener. Die besondere Bedeutung, die das Monument innerhalb einer Gruppe besitzt, ist auch als Grund zu sehen, warum Erinnerungsmale im Zuge von gesellschaftlichen Umbrüchen oft den Wirren der Zeit zum Opfer fallen. Der Sturz in diesem Zusammenhang scheint unvermeidlich zu sein, das Bedürfnis zum Denkmalsturz kann sogar so groß sein, dass stehengebliebene Bauwerke noch nachträglich zerstört werden. Erst die „Befreiung" des öffentlichen Raumes von den Symbolen der vorhergehenden Machthabern ermöglicht es, neue identitätsstiftende Zeichen zu setzen und neue Werte, Leitvorstellungen und Vergangenheitskonstruktionen zu etablieren. Eine zu große Vielfalt an Identitätsangeboten kann dazu führen, dass der Aufbau einer neuen kollektiven Identität erschwert wird und es zu einem langwierigen Konflikt um die Macht kommt. Allein das Darstellungs- und Deutungsmonopol ermöglicht es, Vergangenheit, Gegenwart und Zukunft nach den eigenen Vorstellungen zu formen, die Herrschaft zu sichern und das kollektive Gedächtnis sowie die Gruppenidentität zu vorzugeben: Deswegen ist der Denkmalsturz bei großen gesellschaftlichen Veränderungen unvermeidlich beziehungsweise wird von den Beteiligten als unbedingt nötig empfunden.

Sowohl der Sturz als auch die Errichtung nehmen wichtige Funktionen bei dem Aufbau eines Referenzsystems für die Gesellschaft ein. Sie sind konstitutiv für die Entwicklung der Gedächtnisrahmen der Gesellschaft, hilfreich bei der Herausbildung einer „imagined community" und nahezu unvermeidlich bei der symbolischen Ausübung der Macht. Auch wenn der Zerstörungsakt zunächst äußerst destruktiv wirkt, steckt in ihm doch schon ein Neuanfang. Beide Vorgänge ähneln sich mehr, als es auf den ersten Blick scheint, greifen sie doch beide auf ähnliche rituelle Elemente zurück. An einem Denkmal finden nicht nur zahlreiche, für die Gesellschaft wichtige Rituale statt, sondern sie sind selbst Teil eines großen Rituals. Der Vergleich der einzelnen Programmpunkte bei der Eröffnung als auch bei der Demontage zeigt, dass immer wieder auf ähnliche Elemente zurückgegriffen und der Bau somit rituell legitimiert oder delegitimiert wird. Gerade die Hervorhebung durch den Ritus betont den Vorgang und zeigt Anfang und Ende der Wirkmächtigkeit des Bauwerks. Deswegen hat sich die anfangs aufgestellte These, dass die Zerstörung und die anschließend nahezu zwingend folgende Neuerrichtung eines Denkmals Teil eines Übergangsrituals im Sinne Arnold van Genneps sind, bestätigt. Der Sturz ist die Trennungsphase und der Neubau die Angliederungs- beziehungsweise Identität schaffende Phase. Dazwischen liegt die Schwellenphase, in der die nähere Zukunft noch nicht genau geklärt und der Ausgang des Kampfes um die Macht noch unklar ist. In den einzelnen Elementen dieses Übergangsrituals finden sich magische Vorstellungen, die zum Beispiel durch die *executio in effigie* an den Personenstatuen ihren Ausdruck finden. Im Denkmalsturz offenbart sich der Wunsch das alte Vergangenheitskonzept auszuklammern und die Erinnerung an es zu verdrängen. Somit zielt der Vorgang primär auf eine *damnatio memoriae* ab, die für die weitere gesellschaftliche Entwicklung weitreichende Folgen hat. Nur die Verdammung ermöglicht es, alte Deutungsmonopole und Gedächtnisrahmen aufzusprengen und anstelle dieser eigene Angebote an die betroffene Gruppe zu unterbreiten.

Auch heute noch besitzt der Denkmalsturz eine große Aktualität und findet wiederholt seine Anwendung. So zeugen beispielsweise die Ereignisse in Osteuropa um 1989 von der Aktualität, ebenso der Sturz des Saddam Hussein-Monuments in Bagdad. Auch die Funktion der Denkmäler für eine Gesellschaft darf heute nicht unterbewertet werden. Die Kontroverse um das Holocaust-Mahnmal in Berlin lässt erahnen, dass die Thematik „Denkmal" und damit verbunden auch des „Denkmalsturz" nicht abgeschlossen, sondern derzeit in Europa aufgrund der relativ ruhigen Verhältnisse in den meisten Ländern nur etwas in den Hintergrund gerückt sind. Doch ist das Eigenbild einem ständigen Wechsel unterworfen, niemand kann eine Garantie geben, dass Werte und Ideologien, die heute noch aktuell sind, nicht in 50 Jahren schon als rückständig und überholt gelten und die Denkmäler, die unser Gesellschaftsverständnis symbolisieren, gestürzt werden.

VII. Quellen- und Literaturverzeichnis

VII. 1. Quellenverzeichnis

Aly, Götz u.a. (Hrsg.). Demontage… revolutionärer oder restaurativer Bildersturm? Texte & Bilder. Berlin 1992.

Elfert, Eberhart. Die politischen Denkmäler der DDR im ehemaligen Ost-Berlin und unser Lenin. In: Götz Aly u.a. (Hrsg.). Demontage… revolutionärer oder restaurativer Bildersturm? Texte & Bilder. Berlin 1992. S. 53-57.

Goethe, Johann Wolfgang von. Werke. Hamburger Ausgabe in 14 Bänden. Bd. 9, autobiographische Schriften; 1. München 1982.

Goetschel, Willi. Ab/Deckerinnen im großen Stil. In: Neue Gesellschaft für bildende Kunst (Hrsg.). Der Wettbewerb für das „Denkmal für die ermordeten Juden Europas". Eine Streitschrift. Berlin 1995. S. 52-56.

Gosztony, Peter (Hrsg.). Der ungarische Volksaufstand in Augenzeugenberichten. München 1981.

Halbach, Robert. Kommet her – und sehet… In: Götz Aly u.a. (Hrsg.). Demontage… revolutionärer oder restaurativer Bildersturm? Texte & Bilder. Berlin 1992. S. 86-105.

Korejwo, Jerzy. Dscherschinski in Stücke gehauen. In: Götz Aly u.a. (Hrsg.). Demontage… revolutionärer oder restaurativer Bildersturm? Texte & Bilder. Berlin 1992. S. 150-155.

Matussek, Matthias. Lenins Stirn, fünfter Stock. *Der Spiegel* vom 11.11.1991. S. 341-343.

Miljutenko, Wladimir. Wir dürfen nicht geschichtslos werden. In: Götz Aly u.a. (Hrsg.). Demontage… revolutionärer oder restaurativer Bildersturm? Texte & Bilder. Berlin 1992. S. 23-30.

Mittig, Hans-Ernst. Gegen den Abriß des Berliner Lenin-Denkmals. In: Götz Aly u.a. (Hrsg.). Demontage… revolutionärer oder restaurativer Bildersturm? Texte & Bilder. Berlin 1992. S. 40-45.

Neue Gesellschaft für bildende Kunst (Hrsg.). Der Wettbewerb für das „Denkmal für die ermordeten Juden Europas". Eine Streitschrift. Berlin 1995.

N.N. Die Enthaupteten. *Frankfurter Allgemeine Zeitung* vom 31.08. 1972. S. 2.

N.N. Lenin fällt – der Streit geht weiter. *Berliner Zeitung* vom 6.11.1991. S. 2.

Pross, Harry. Kann man Geschichte sehen? In: Götz Aly u.a. (Hrsg.). Demontage… revolutionärer oder restaurativer Bildersturm? Berlin 1992. S. 106-109.

Reichardt, Johann Friedrich. Vertraute Briefe über Frankreich auf einer Reise im Jahre 1792 geschrieben. Bd. 1. Berlin 1792.

Spielmann, Jochen. Der Prozeß ist genauso wichtig wie das Ergebnis. Fußnoten zu Kunst-Wettbewerben als Kommunikationsform der Auseinandersetzung. In: Neue Gesellschaft für bildende Kunst (Hrsg.). Der Wettbewerb für das „Denkmal für die ermordeten Juden Europas". Eine Streitschrift. Berlin 1995. S. 128-145.

Stachau, Christiane. Peruns Sandbank. In: Götz Aly u.a. (Hrsg.). Demontage… revolutionärer oder restaurativer Bildersturm? Texte & Bilder. Berlin 1992. S. 14-19.

Zimmer, Dieter E. Was tun mit Lenin? In: *Die Zeit* vom 18.10.1991. S. 102.

VII.2. Literaturverzeichnis

Assmann, Aleida. Der lange Schatten der Vergangenheit. Erinnerungskultur und Geschichtspolitik. München 2006.

Assmann, Aleida. Zeit und Tradition. Kulturelle Strategien der Dauer (*Beiträge zur Geschichtskultur*; 15). Köln, Weimar, Wien 1999.

Assmann, Jan. Kollektives Gedächtnis und kulturelle Identität. In: Jan Assmann, Tonio Hölscher (Hrsg.). Kultur und Gedächtnis. Frankfurt a.M. 1988. S. 9-19.

Assmann, Jan; Hölscher, Tonio (Hrsg.). Kultur und Gedächtnis. Frankfurt a.M. 1988.

Bakoš, Ján. Denkmale und Ideologien. In: Wolfgang Lipp (Hrsg.). Denkmal – Werte – Gesellschaft. Zur Pluralität des Denkmalbegriffs. Frankfurt a.M., New York 1993. S. 347-361.

Beitl, Klaus. Grenzüberschreitungen. In: *Österreichische Zeitschrift für Volkskunde* 93 (1990). S. 1-3.

Belliger, Andrea; Krieger, David J. (Hrsg.). Ritualtheorien. Ein einführendes Handbuch. Opladen, Wiesbaden 1998.

Belting, Hans. Macht und Ohnmacht der Bilder. In: Heiner Must (Hrsg.). Bildersturm. Heidelberg 2006. S. 103 -115.

Benjamin, Walter. Gesammelte Schriften Band V. 2. Das Passagenwerk. Hrsg. von Rolf Tiedemann. Frankfurt a.M. 1982.

Bennett, W. Lance. Myth, ritual and political control. In: *Journal of Communication* 30 (1980). S. 166-179.

Berichte der ehemaligen Arbeitsstellen des Instituts für Denkmalpflege der DDR. In: *Deutsche Kunst und Denkmalpflege*. 49,1 (1991). S. 16-51.

Brückner, Wolfgang. Bildnis und Brauch. Studien zur Bildfunktion der Effigies. Berlin 1966.

Brückner, Wolfgang. Zugänge zum Denkmalwesen des 19. Jahrhunderts. In: Ekkehard Mai, Gisela Schmirber (Hrsg.). Denkmal – Zeichen – Monument. Skulptur und öffentlicher Raum heute. München 1989. S. 13-18.

Csáky, Moritz. Gedächtnis, Erinnerung und die Konstruktion von Identität. Das Beispiel Zentraleuropa. Berlin 1998.

Dörner, Andreas. Politischer Mythos und symbolische Politik. Opladen 1995.

Düwell, Kurt. Begriff und Wandel der Repräsentanz in der Öffentlichkeit. In: Ekkehard Mai, Gisela Schmirber (Hrsg.). Denkmal – Zeichen – Monument. Skulptur und öffentlicher Raum heute. München 1989. S. 26 – 30.

Edelman, Murray. Politik als Ritual. Die symbolische Funktion staatlicher Institutionen und politischen Handelns. Frankfurt a.M. 1990.

Egloffstein, Albrecht Graf. Das Denkmal – Versuch einer Begriffsbestimmung. In: Ekkehard Mai, Gisela Schmirber (Hrsg). Denkmal – Zeichen – Monument. Skulptur und öffentlicher Raum heute. München 1989. S. 38-41.

Ferkai, András. Über die Stalinsche Architektur. In: Péter György, Hedvig Turai (Hrsg.). Staatskunstwerk. Kultur im Stalinismus. Corvina Kiado 1992. S. 26-36.

Flierl, Thomas. Der „Fall" der Denkmäler. Konkurrierende Konzepte symbolischer Geschichtspolitik in Berlin seit 1989/90. In: Heiner Must (Hrsg.). Bildersturm. Heidelberg 2006. S. 61-79.

Gadney, Reg. Cry Hungary! Uprising 1956. London 1986.

Gamboni, Dario. Die Zerstörung kommunistischer Denkmäler als Bildersturm. Historische und typologische Fragestellungen. In: Nationalkomitee der Bundesrepublik Deutschland (Hrsg.). Bildersturm in Osteuropa. Die Denkmäler der kommunistischen Ära im Umbruch (*Icomos* ; 13). München 1994.

Gerhardt, Uta. Die zwei Gesichter des Rituals. Eine soziologische Skizze. In: Dietrich Harth, Jasper Schenk (Hrsg.). Ritualdynamik. Kulturübergreifende Studien zur Theorie und Geschichte rituellen Handelns. Heidelberg 2004. S. 49-72.

Goethals, Gregor T. Ritual und Repräsentation von Macht in Kunst und Massenkultur. In: Andréa Belliger, David J. Krieger (Hrsg.). Ritualtheorien. Ein einführendes Handbuch. Opladen, Wiesbaden 1998. S. 303-322.

Göhler, Gerhard u.a. (Hrsg.). Institution – Macht – Repräsentation. Wofür politische Institutionen stehen und wie sie wirken. Baden-Baden 1997.

György, Péter. Der Spiegel des Alltags oder das Bedürfnis nach einem Zeitstil. In: Péter György, Hedvig Turai (Hrsg.). Staatskunstwerk. Kultur im Stalinismus. Corvina Kiado 1992. S. 13-25.

György, Péter; Turai, Hedvig (Hrsg.). Staatskunstwerk. Kultur im Stalinismus. Corvina Kiado 1992.

Habermas, Jürgen. Kultur und Kritik. Verstreute Aufsätze. Frankfurt a.M. 1973.

Habermas, Jürgen. Öffentlichkeit. In: Ders. Kultur und Kritik. Verstreute Aufsätze. Frankfurt a.M. 1973. S. 61-69.

Halbwachs, Maurice. Das Gedächtnis und seine sozialen Bedingungen. Frankfurt a.M. 1985.

Harth, Dietrich; Schenk, Jasper (Hrsg.). Ritualdynamik. Kulturübergreifende Studien zur Theorie und Geschichte rituellen Handelns. Heidelberg 2004.

Herlyn, Gerrit. Ritual und Übergangsritual in komplexen Gesellschaften. Sinn- und Bedeutungszuschreibungen zu Begriff und Theorie (*Studien zur Alltagskulturforschung*; 1). Münster, Hamburg, London 2002.

Hobsbawm, Eric; Ranger, Terence. The invention of tradition. Cambridge 1983.

Hübner, Kurt. Tyrannensturz. Mythos und Wirklichkeit. In: Heiner Must (Hrsg.). Bildersturm. Heidelberg 2006. S. 9-22.

Hütter, Elisabeth; Magirius, Heinrich. Zum Verständnis der Denkmalpflege in der DDR. In: *Zeitschrift für Kunstgeschichte* 55 (1990). S. 397-407.

Jaworski, Rudolf. Denkmalstreit und Denkmalsturz im östlichen Europa. Eine Problemskizze. In: Rudolf Jaworski, Peter Stachel (Hrsg.). Die Besetzung des öffentlichen Raumes. Politische Plätze, Denkmäler und Straßennamen im europäischen Vergleich. Berlin 2007. S. 175-190.

Jaworski, Rudolf; Stachel, Peter (Hrsg.). Die Besetzung des öffentlichen Raumes. Politische Plätze, Denkmäler und Straßennamen im europäischen Vergleich. Berlin 2007.

Kertzer, David I. Ritual, Politik und Macht. In: Andrea Belliger, David J. Krieger (Hrsg.). Ritualtheorien. Ein einführendes Handbuch. Opladen, Wiesbaden 1998. S. 365-390.

Kluxen, Wolfgang. Denkmäler setzen – Identität stiften. In: Ekkehard Mai, Gisela Schmirber (Hrsg.). Denkmal – Zeichen – Monument. Skulptur und öffentlicher Raum. München 1989. S. 30-32.

Korff, Gottfried. Rote Fahnen und Bananen. Notizen zur politischen Symbolik im Prozeß der Wiedervereinigung von DDR und BRD. In: *Schweizerisches Archiv für Volkskunde* 86 (1990). S. 130-160.

Korff, Gottfried. S-Bahn-Ethnologie. Acht Bemerkungen zum Berliner Alltag nach Öffnung der Mauer unter Einschluss einiger Überlegungen zur Musealisierung des Alltags aus Anlaß eines Kolloquiums zum 100jährigen Bestehen des Museums für Volkskunde, veranstaltet von den Staatlichen Museen zu Berlin (DDR). In: *Österreichische Zeitschrift für Volkskunde* 93 (1990). S. 5-26.

Kusber, Jan. Konkurrierende Plätze in Sankt Petersburg. Zur Dauerhaftigkeit der Verortung politischer Macht im historischen Gedächtnis. In: Rudolf Jaworski, Peter Stachel (Hrsg.). Die Besetzung des öffentlichen Raumes. Politische Plätze, Denkmäler und Straßennamen im europäischen Vergleich. Berlin 2007. S. 131-143.

Lipp, Wolfgang (Hrsg.). Denkmal – Werte – Gesellschaft. Zur Pluralität des Denkmalbegriffs. Frankfurt a.M., New York 1993.

Lipp, Wilfried. Natur – Geschichte – Denkmal. Zur Entstehung des Denkmalbewußtseins der bürgerlichen Gesellschaft. Frankfurt a.M., New York 1987.

Lottes, Günther. Damnatio historiae. Über den Versuch einer Befreiung von der Geschichte in der Französischen Revolution. In: Winfried Speitkamp (Hrsg.). Denkmalsturz. Zur Konfliktgeschichte politischer Symbolik. Göttingen 1997. S. 22-48.

Luhmann, Niklas. Selbst-Thematisierung des Gesellschaftssystems. Über die Kategorie der Reflexion aus der Sicht der Systemtheorie. In: Ders. Soziologische Aufklärung. Aufsätze zur Theorie der Gesellschaft. Bd. 2. Opladen 1975. S. 72-102.

Luhmann, Niklas. Soziologische Aufklärung. Aufsätze zur Theorie der Gesellschaft. Bd. 2. Opladen 1975.

Mai, Ekkehard; Schmirber, Gisela (Hrsg). Denkmal – Zeichen – Monument. Skulptur und öffentlicher Raum heute. München 1989.

Mai, Gunther (Hrsg.). Das Kyffhäuser-Denkmal 1896-1996. Ein nationales Monument im europäischen Kontext. Köln u.a. 1997.

Mai, Gunther. „Für Kaiser und Reich". Das Kaiser-Wilhelm-Denkmal auf dem Kyffhäuser. In: Ders. (Hrsg.). Das Kyffhäuser-Denkmal 1896-1996. Ein nationales Monument im europäischen Kontext. Köln u.a. 1997.

Melville, Ralph u.a. (Hrsg.). Deutschland und Europa in der Neuzeit. Stuttgart 1988.

Menkovic, Biljana. Politische Gedenkkultur. Denkmäler – Die Visualisierung politischer Macht im öffentlichen Raum (*Vergleichende Gesellschaftsgeschichte und politische Ideengeschichte der Neuzeit*; 12). Wien 1999.

Metzler, Dieter. Bilderstürme und Bilderfeindlichkeit in der Antike. In: Martin Warnke (Hrsg.). Bildersturm. Die Zerstörung des Kunstwerks. München 1973. S. 14-29.

Mielke, Friedrich. Die Zukunft der Vergangenheit. Grundsätze, Probleme und Möglichkeiten der Denkmalpflege. Hrsg. von Karl Wilhelm Schmitt. Stuttgart 1975.

Musil, Robert. Denkmale. In: Ders. Gesammelte Schriften; Bd. 2. Hrsg. von Adolf Frisé. Reinbek bei Hamburg 1978.

Must, Heiner (Hrsg.). Bildersturm. Heidelberg 2006.

Nationalkomitee der Bundesrepublik Deutschland (Hrsg.). Bildersturm in Osteuropa. Die Denkmäler der osteuropäischen Ära im Umbruch (*Icomos*; 13). München 1994.

Naumann, Günter. Der Denkmalsturz zu Meißen. In: *Sächsische Heimatblätter*. Zeitschrift für sächsisches Geschichte, Denkmalpflege, Natur und Umwelt. 52,2 (2006). S. 169-172.

Nipperdey, Thomas. Deutsche Geschichte 1800-1866. Bürgerwelt und starker Staat. München 1983.

Nipperdey, Thomas. Gesellschaft, Kultur, Theorie. Gesammelte Aufsätze zur neueren Geschichte (*Kritische Studien zur Geschichtswissenschaft*; 18). Göttingen 1976.

Odenthal, Johannes. Von der Schwierigkeit, nationale Denkmäler in Berlin zu errichten. In: *Theaterschrift*. Bd. 10 (Stadt, Kunst, Kulturelle Identität). Amsterdam u.a. 1995. S. 102-120.

Pribersky, Andreas. Krieg, Befreiung, Freiheit? Bedeutungswandel des sowjetischen Denkmals am Budapester Gellért-Berg von 1947 bis heute. In: Rudolf Jaworski, Peter Stachel (Hrsg.). Die Besetzung des öffentlichen Raumes. Politische Plätze, Denkmäler und Straßennamen im europäischen Vergleich. Berlin 2007. S. 191-201.

Rammert, Werner u.a. (Hrsg.). Kollektive Identitäten und kulturelle Innovationen. Ethnologische, soziologische und historische Studien. Leipzig 2001.

Razlogov, Kirill; Vasilieva, Anna. „Damnatio memoriae". Neue Namen – neue Denkmäler in Rußland (1917-1991). In: Nationalkomitee der Bundesrepublik Deutschland (Hrsg.). Bildersturm in Osteuropa. Die Denkmäler der osteuropäischen Ära im Umbruch (*Icomos*; 13). München 1994. S. 35-37.

Reckwitz, Andreas. Der Identitätsdiskurs. Zum Bedeutungswandel einer sozialwissenschaftlichen Semantik. In: Werner Rammert u.a. (Hrsg.). Kollektive Identitäten und kulturelle Innovationen. Ethnologische, soziologische und historische Studien. Leipzig 2001. S. 21-38.

Reichardt, Rolf. Bastillen in Deutschland? Gesellschaftliche Außenwirkungen der Französischen Revolution am Beispiel des Pariser Bastillesturms. In: Ralph Melville u.a. (Hrsg.). Deutschland und Europa in der Neuzeit. Stuttgart 1988. S. 419-467.

Reinle, Adolf. Das stellvertretende Bildnis. Plastiken und Gemälde von der Antike bis ins 19. Jahrhundert. Zürich u.a. 1984.

Riegl, Alois. Der moderne Denkmalkultus. Sein Wesen und seine Entstehung. Wien, Leipzig 1903.

Scheel, Heinrich. Die Mainzer Republik. Bd. 1. Berlin 1975.

Schmoll, Friedemann. Verewigte Nation. Studien zur Erinnerungskultur von Reich und Einzelstaat im württembergischen Denkmalkult des 19. Jahrhunderts (*Stuttgarter Studien*; 8.) Diss. Tübingen 1995.

Schnitzler, Norbert. Ikonoklasmus – Bildersturm. Theologischer Bilderstreit und ikonoklastisches Handeln während des 15. und 16. Jahrhunderts. München 1996.

Schulz zur Wiesch, Lena. Zum Umgang mit den baulich-symbolischen Relikten der DDR in Ostberlin. In: Rudolf Jaworski, Peter Stachel (Hrsg.). Die Besetzung des öffentlichen Raumes. Politische Plätze, Denkmäler und Straßennamen im europäischen Vergleich. Berlin 2007. S. 231-257.

Sinkó, Katalin. Die Riten der Politik. Denkmalserrichtung, Standbildersturz. In: Péter György, Hedvig Turai (Hrsg.). Staatskunstwerk. Kultur im Stalinismus. Corvina Kiado 1992. S. 71-84.

Soeffner, Hans-Georg. Auslegung des Alltags – Der Alltag der Auslegung. Frankfurt a.M. 1989.

Soeffner, Hans-Georg. Emblematische und symbolische Formen der Orientierung. In: Ders. Auslegung des Alltags – Der Alltag der Auslegung. Frankfurt a.M. 1989. S. 158-184.

Speth, Rudolph. Symbol und Fiktion. In: Gerhard Göhler u.a. (Hrsg.). Institution – Macht – Repräsentation. Wofür politische Institutionen stehen und wie sie wirken. Baden-Baden 1997. S. 65-144.

Speitkamp, Winfried (Hrsg.). Denkmalsturz. Zur Konfliktgeschichte politischer Symbolik. Göttingen 1997.

Speitkamp, Winfried. Protest und Denkmalsturz in der Übergangsgesellschaft. Deutschland vom ausgehenden 18. Jahrhundert bis zur Revolution von 1848. In: Ders. (Hrsg.). Denkmalsturz. Zur Konfliktgeschichte politischer Symbolik. Göttingen 1997. S. 49-78.

Szilágyi, Ákos. Paradiesischer Realismus. Totalitäre Staatskunst im 20. Jahrhundert. In: Péter György, Hedvig Turai (Hrsg.). Staatskunstwerk. Kultur im Stalinismus. Corvina Kiado 1992. S. 7-12.

Thamer, Hans-Ulrich. Von der Monumentalisierung zur Verdrängung der Geschichte. Nationalsozialistische Denkmalpolitik und die Entnazifizierung von Denkmälern 1945. In: Winfried Speitkamp (Hrsg.). Denkmalsturz. Zur Konfliktgeschichte einer politischen Symbolik. Göttingen 1997. 109-136.

Trimborn, Jürgen. Denkmale als Inszenierungen im öffentlichen Raum. Ein Blick auf die gegenwärtige Denkmalproblematik in der Bundesrepublik Deutschland aus denkmalpflegerischer und medienwissenschaftlicher Sicht (*Kunstgeschichte*; 1). Diss. Köln 1997.

Turner, Victor W. Liminalität und Communitas. In: Andréa Belliger, David J. Krieger (Hrsg.). Ritualtheorien. Ein einführendes Handbuch. Opladen, Wiesbaden 1998. S. 251-262.

Unfried, Berthold. Denkmäler des Stalinismus und 'Realsozialismus' zwischen Bildersturm und Musealisierung. In: Ders. (Hrsg.). Spuren des 'Realsozialismus' in Böhmen und der Slowakei. Monumente – Museen – Gedenktage. Wien 1996. S. 17-40.

Unfried, Berthold. Einleitung. In: Ders. (Hrsg). Spuren des „Realsozialismus" in Böhmen und der Slowakei. Monumente – Museen – Gedenktage. Wien 1996. S. 7-16.

Unfried, Berthold (Hrsg.). Spuren des 'Realsozialismus' in Böhmen und der Slowakei. Monumente – Museen – Gedenktage. Wien 1996.

Warnke, Martin. (Hrsg.). Bildersturm. Die Zerstörung des Kunstwerks. München 1973.

Warnke, Martin. Bilderstürme. In: Ders, (Hrsg.). Bildersturm. Die Zerstörung des Kunstwerks. München 1973. S. 7-13.

Wulf, Christoph; Zirfas, Jörg. Performativität, Ritual und Gemeinschaft. Ein Beitrag aus erziehungswissenschaftlicher Sicht. In: Dietrich Harth, Jasper Schenk (Hrsg.). Ritualdynamik. Kulturübergreifende Studien zur Theorie und Geschichte rituellen Handelns. Heidelberg 2004. S. 73-93.

VI.3. Internetquellen

Renan, Ernest. Was ist eine Nation? Vortrag in der Sorbonne am 11. März 1882. In: Michael Jeismann, Henning Ritter Grenzfälle. Über neuen und alten Nationalismus. Leipzig 1993. Internetausgabe: http://www.dir-info.de/dokumente/def_nation_renan.html (Stand: 12.01.2009).

VII. Abbildungsverzeichnis

Abb. 2: Sowjetisches Mahnmal am Gellért-Berg in Budapest; Foto: unbekannt.

Abb. 3: Stalin Monument in Budapest 1956, I. Foto: unbekannt.

Abb. 4: Stalin Monument in Budapest 1956, II. Foto: Peter Gosztony.

Abb. 5: Stalin Monument in Budapest 1956, III. Foto: unbekannt.

Abb. 6: Stalin Monument in Budapest 1956, IV. Foto: unbekannt.

Abb. 7: Sowjetisches Mahnmal am Gellért-Berg in Budapest; Foto: Tamás Szentjóby.

Abb. 8: Lenin Denkmal in Bukarest, I. Foto: Emanuel Pârvu.

Abb. 9: Lenin Denkmal in Bukarest, II. Foto: Theodor Graur.

Abb. 10: Lenin Denkmal in Bukarest, III. Foto: Theodor Graur.

Abb. 11: Dserschinski-Denkmal wird in Warschau demontiert, 17. November 1989. Polska Agencja Prasowa, Warschau; Foto: Rozmystowicz.

Abb. 12: Lenin-Denkmal in Berlin-Friedrichshaain, 20. April 1970. Neues Deutschland; Foto: Heinz Schönfeld.

Abb. 13: Lenin-Statue auf dem Lenin-Platz, Berlin-Friedrichshain, 1. Oktober 1991. Foto: Wolfgang Mrotzkowski.

Abb. 14: Lenin Denkmal in Berlin-Friedrichshain, III. Foto: Katharina Harich.

Abb. 15: Lenin-Denkmal vor dem Abriss, Berlin-Friedrichshain, 4. November 1991. Foto: Wolfgang Mrotzkowski, Berlin.

Abb. 16: Demontage der Lenin-Statue, Berlin-Friedrichshain, 13. November 1991. Sipa Press; Foto: P. Adins.

Heimat im Museum?
Museale Konzeptionen zu Heimat und Erinnerungskultur
in Deutschland und Polen
(Colloquia Baltica 14)
Hg. von Beate Herget/Berit Pleitner
2008, 168 Seiten, Paperback, Euro 19,90/37,20 CHF, ISBN 978-3-89975-115-4

Wie können grenzübergreifende Projekte und Kooperationen in der Museumsarbeit aufgebaut werden? Worin liegt die Bedeutung der Lokal- und Regionalgeschichte? Dieser Band enthält neben theoretischen Beiträgen zu den Themen Erinnerungskultur, Lokalgeschichte und Museumsgestaltung Beispiele von Ausstellungen, die sich explizit mit der Heimat in all ihren Brüchen und Facetten auseinander gesetzt haben.

Erinnerungskultur und Regionalgeschichte
Hg. von Harald Schmid
2009, 228 Seiten, Paperback, Euro 34,90/61,00 CHF, ISBN 978-3-89975-169-7

Im Mittelpunkt steht der Umgang mit Geschichte in Museen, in der Konstruktion urbaner Identitäten und bei regionalen Eliten. Die Autorinnen und Autoren – Geschichtsdidaktiker, Zeit- und Kunsthistoriker, Museologen, Politik- und Kulturwissenschaftler – fragen dabei nach der Spezifik regionaler Geschichtsbilder, die sie in Fallstudien zu Erinnerungskulturen in Deutschland, Polen und der Schweiz vor allem des 20. Jahrhunderts untersuchen.

Denkmäler als Medien der Erinnerungskultur in Frankreich seit 1944
Von Mechtild Gilzmer
2007, 254 Seiten, Hardcover, Euro 39,95/66,00 CHF, ISBN 978-3-89975-083-6

„Ein wichtiger interdisziplinärer Beitrag zur geschichtlichen Wahrnehmung der Jahre 1940 bis 1944 in Frankreich und zur Entwicklung des kulturellen Bewusstseins des Landes nach 1945." (Dokumente, Zeitschrift für den deutsch-französischen Dialog)